带着文化游名城——

老成都记忆

刘飞滨 编著

当代世界出版社
THE CONTEMPORARY WORLD PRESS

图书在版编目（CIP）数据

老成都记忆 / 刘飞滨著 . -- 北京：当代世界出版社，2016.11
（带着文化游名城）
ISBN 978-7-5090-1171-3

Ⅰ.①老… Ⅱ.①刘… Ⅲ.①文化史—成都—通俗读物 Ⅳ.① K297.11-49

中国版本图书馆 CIP 数据核字（2016）第 289834 号

老成都记忆

作　　者：	刘飞滨	
出版发行：	当代世界出版社	
地　　址：	北京市复兴路 4 号（100860）	
网　　址：	http://www.worldpress.org.cn	
编务电话：	（010）83908456	
发行电话：	（010）83908410（传真）	
	（010）83908408	
	（010）83908409	
	（010）83908423（邮购）	
经　　销：	新华书店	
印　　刷：	北京时捷印刷有限公司	
开　　本：	710mm×1000mm　1/16	
印　　张：	16.5	
字　　数：	230 千字	
版　　次：	2017 年 3 月第 1 版	
印　　次：	2017 年 3 月第 1 次	
书　　号：	ISBN 978-7-5090-1171-3	
定　　价：	39.80 元	

如发现印装质量问题，请与承印厂联系调换。
版权所有，翻印必究；未经许可，不得转载！

前　言

　　成都是一座幽雅而又神秘的古城，也是历史上突然神秘失踪的"古蜀国"所在地，直到东周末年蜀王开明九世，再次建城才有真正意义上的"成都"。"成都"一名是根据《太平寰宇记》中的记载，周王迁岐"一年而所居成聚，二年成邑，三年成都"而来，在蜀语中"成都"的读音就是蜀都，成都本身的含义就是"蜀国最终的都邑"。

　　成都自古以来就是藏龙卧虎之地。西汉末年政权动荡，公孙述在成都称帝，改成都为"成家"。到东汉末年，成都再度成为历史上最为"闪耀"的地方，刘备在此创建的蜀汉政权，与曹魏政权、孙吴政权共同上演了中国历史上被后人熟知的"三国演义"。到了隋唐时期，成都在经济、文化、科技等方面都得到空前的发展，此一时期成都与长安、扬州、太原并称为全国四大城市。尤其是唐朝时期，成都的农业、纺织业、手工业、造纸、印刷术等都有了飞快的发展。不仅经济有了极大的飞跃，文化的发展也令人瞩目。一大批文学家云集于此，李白、杜甫、薛涛、李商隐等都曾来此旅游或定居过。成都还存有世界最早发明和使用雕版印刷术的文物《陀罗尼经咒》。

　　唐朝之后的五代十国，虽然整个国家战乱不断，但成都的文化却一如既往地发展。五代时期，成都的书画家黄筌开创了中国工笔花鸟画派先河；赵崇祚编辑了中国文学史上的第一部词集《花间集》；后蜀国后主孟昶特创"翰林图画院"，成为中国最早的皇家画院！

　　宋朝时期的成都经济异常发达，成为全国的"首富"城市。元、明、清

时期的成都"不好不坏","无声无息"变化发展着,直到1911年成都再度发生了影响中国命运转折的事件,因清政府镇压对当局不满的民众而导致爆发"成都血案",直接点燃了辛亥革命的导火索。

1949年10月新中国成立后,成都又迎来了历史的春天。1994年经中央机构编制委员会第6次会议通过,成都市从计划单列市确定为副省级城市,成为全国15个这一级城市之一。2013年,世界华商大会在成都成功举办,同年第12届《财富》全球论坛也在成都隆重召开!2015年末,成都市户籍总人口已达1228.1万人,在全国居第四位。

这就是成都的历史,这就是成都的文化,您想更加深入地了解成都吗?您想让您的旅途变得不再单调乏味吗?那您可以通过《带着文化游名城——老成都记忆》一书深入地感受成都的文化魅力!此书分为八章,每章都按照内容分出两到三个小版块,在每个小版块下又有具体的介绍,如"伏羲的故里真的在巴蜀吗?""为什么成都被称为'龟化城'?""神仙树之前真的有神仙居住过吗?""为何说石羊场的'药'吃不得?""青羊宫八卦亭的石柱上为何会有'伤痕'?"等等。这一个个有趣的问题,您都可以通过此书找到答案。

《带着文化游名城——老成都记忆》不仅是您去成都前必备的"开胃菜",也可以成为您在成都旅游过程中的"GPS",还可以成为您旅游后增加阅历的文化读物!

目 录

开 篇

出行前的准备 … 2
　成都的历史 … 2
　成都独有的特色 … 3
　成都最佳的旅游季节 … 7

成都的历史与消失的老城门

历史上的老成都 … 10
　伏羲的故里真的是在巴蜀吗？ … 10
　古蜀国为何神秘失踪了？ … 11
　什么是"湖广填四川" … 12
　"成都"市名的演变史 … 13
　"锦城"这一名字由何而来？ … 15
　三国时的益州和成都是同一地方吗？ … 15
　"扬一益二"指的是什么时候的成都？ … 15
　成都为什么又被称为"蓉城"？ … 16
　成都历史上发生过的地震 … 17

已消失的老成都城门楼   19

    为什么成都被称作"龟化城"？   19
    "二十四点"指的是老成都吗？   20
    历史上的老成都有过哪些城门？   20
    老成都的老东门为何开在南城墙附近？   21
    老成都人为何要封闭新东门和新西门？   22
    老南门真的是成都所有城门中历史最悠久的吗？   22
    老成都真的有两道老西门吗？   23
    开设通惠门是为了方便人们逛庙会吗？   24
    老成都的北门在历史上都有哪些称谓？   24

成都的祠堂、寺庙、陵墓与名人故居

成都的祠堂   28

    中国一共有几座武侯祠？   28
    三顾茅庐的历史典故发生在成都武侯祠吗？   28
    武侯祠的命名与诸葛亮的官职有什么关系？   29
    武侯祠大门匾额上为什么会写着"汉昭烈庙"？   30
    武侯祠唐碑为何又被称为"三绝碑"？   31
    诸葛亮殿里真的刻有"诫子书"吗？   31
    刘备殿中为何没有刘禅的塑像？   32
    望丛祠的建筑风格与一般祠庙有何不同之处？   33
    杜甫草堂是杜甫为了避难才建的吗？   34
    工部祠的命名跟杜甫的官职有何关系？   35
    浣花祠堂是为了纪念杜甫的夫人而修建的吗？   36
    青羊宫举办花会的日期仅仅是因为老子的生日吗？   37
    青羊宫八卦亭的石柱上为何会有"手印"？   37
    青羊宫三清殿上的大柱有何玄机？   38
    青羊宫里两只铜羊有什么来历？   39

成都的寺庙   41

    宝光寺是因为唐僖宗而得名的吗？   41
    宝光寺的山门殿供奉的为何不是佛？   42
    宝光寺北面的紫霞山真的是"长"出来的吗？   42
    文殊院真的出现过文殊菩萨神像吗？   43

昭觉寺是唐宣宗亲赐的名字吗？　　　　　　　　　　　　　　44
昭觉寺树包碑传说　　　　　　　　　　　　　　　　　　　45
石经寺以前是狩猎的山庄吗？　　　　　　　　　　　　　　45
石经寺的由来真的与《金刚经》有关吗？　　　　　　　　　46
石经寺内的千年银杏树真的有一千年的历史吗？　　　　　　47
石经寺乌木观音传说是怎么一回事？　　　　　　　　　　　48
大慈寺真是唐僧出家的地方吗？　　　　　　　　　　　　　49
唐武宗"灭佛"时为何大慈寺幸免于难？　　　　　　　　　　49
慈云寺是一位外国和尚修建的吗？　　　　　　　　　　　　50
三国名将严颜真的隐居在石象寺里吗？　　　　　　　　　　51
皇城清真寺到底是何时修建的？　　　　　　　　　　　　　51
二王庙是为了纪念哪两位王？　　　　　　　　　　　　　　52
子龙庙里供奉的真的是赵云吗？　　　　　　　　　　　　　53
泰安寺是何时所建？　　　　　　　　　　　　　　　　　　54
龙藏寺的建筑风格有何奇特之处？　　　　　　　　　　　　55
唐僖宗逃难时真的来过应天寺？　　　　　　　　　　　　　56
三学寺是谁修建的？　　　　　　　　　　　　　　　　　　56
天国寺是因为汉明帝的一场梦而建造的吗？　　　　　　　　57
白岩寺真的是佛陀修行示迹所到之处吗？　　　　　　　　　58
白岩寺中有一株可以追溯到夏商时代的银杏树吗？　　　　　59
龙潭寺的由来与刘禅有关吗？　　　　　　　　　　　　　　59
飞仙阁与佛教有何历史渊源？　　　　　　　　　　　　　　60

成都的陵墓　　　　　　　　　　　　　　　　　　　　　62

永陵是哪个皇帝的墓？　　　　　　　　　　　　　　　　　62
永陵所在处是司马相如的抚琴台吗？　　　　　　　　　　　63
永陵是否被盗过？　　　　　　　　　　　　　　　　　　　64
什方堂邛窑遗址有何历史意义？　　　　　　　　　　　　　65
平原史前遗址群都有哪些遗址？　　　　　　　　　　　　　65
三星堆遗址真的是被偶然发现的吗？　　　　　　　　　　　66
据说三星堆遗址出土的铜人不是中国人？　　　　　　　　　67
什么是三星堆遗址的金杖之谜？　　　　　　　　　　　　　67
刘湘墓园是按照明清陵寝风格修建的吗？　　　　　　　　　69
黄忠墓在何处？　　　　　　　　　　　　　　　　　　　　70

老成都的名人故居　　　　　　　　　　　　　　　　　　71

岳钟琪为何被称为常胜将军？　　　　　　　　　　　　　　71
彭家珍为什么被孙中山称赞为"我老彭收工弹丸"？　　　　72
严君平真的是中国历史上最早的民办学校创始人吗？　　　　74

李劼人为何被称为"成都真正的历史家"?	75
"明代三大才子"之首杨慎的故居在哪?	76
"陈家桅杆"之谜	77
扬雄的子云亭	78
黄崇嘏故里	79
"百岁老人"巴金的故居	80

成都的名山胜水

成都的名山	**82**
西岭雪山真的有熊猫林吗?	82
西岭雪山的阴阳界有何神奇之处?	82
您知道西岭雪山上鸳鸯池的爱情传说吗?	83
徐霞客真的差点冻死在西岭雪山上吗?	84
"青城四绝"是哪四绝?	84
金堂"云顶山"的山名是唐玄宗起的吗?	85
成都九峰山真是由九座山峰组成的吗?	86
龙泉花果山的桃花节	87
成都的胜水	**88**
桂湖是因为桂树而得名的吗?	88
石象湖为何被称为"植物王国"?	88
北湖为何有"静区""动区"之分?	89
白塔湖中也有座钓鱼岛吗?	90

成都的街桥与地名

老成都的街桥	**92**
驷马桥真的是为了纪念司马相如而改名的吗?	92
簇桥的命名与蚕丝有关吗?	93
磨子桥中的磨子是什么意思?	94
九眼桥真的有九只眼吗?	95
九眼桥的第五个桥洞是"海眼"吗?	95

九眼桥真的是铁拐李得道升天的地方吗？	96
九眼桥下真的藏有张献忠当年没有带走的宝藏吗？	97
马可·波罗真的来过安顺桥？	98
桓侯巷是为了纪念张飞而命名的吗？	99
黉门街的命名跟"秀才"有关吗？	99
黉门街曾经也叫做"簧门街"吗？	100
红庙子是一座庙还是一条街？	101
石笋街之前真的有五块石笋吗？	102
文庙街上真的有"石室"吗？	102
暑袜街是因为袜子而得名的吗？	103
暑袜街上的邮局有着怎样的历史？	104
老马路真的是抗战时期难民修建的吗？	105
致民路其名有何含义？	106
金陵大学现在还在金陵路吗？	106
水碾河是一条街道还是一条河？	107
欢喜街跟乾隆皇帝有何关系？	108
君平街是以谁的名字命名的？	110
支矶石街的石头是天上的支矶石吗？	111
牌坊巷的背后有什么来历？	112
万里桥的故事	114

老成都的地名 116

神仙树之前真的有神仙居住过吗？	116
石羊场的命名真与羊有关吗？	117
为何说石羊场的"药"吃不得？	118
高笋塘的命名有着怎样的感人故事？	119
红牌楼是为藏族人修建的吗？	119
洗马池与洗墨池是同一地方吗？	120
被誉为"成都版清明上河图"的地方是哪里？	121
清八旗子弟为何会驻扎在成都的宽窄巷子中？	122

成都的饮食文化

成都的独特美食 126

川菜为何会成为我国八大菜系之一？	126
川菜中都有哪些派系？	127

川菜中都有哪些经典口味？	127
川菜自古以来就以辣为主么？	128
火锅曾经被曹丕当做赏赐品么？	129
"宫保鸡丁"与"宫爆鸡丁"谁是正宗？	130
"宫保鸡丁"纪念的是哪位宫保？	131
鱼香肉丝真的是刘禅带入中原的吗？	131
鱼香肉丝真是由剩菜翻炒而成的吗？	132
"夫妻肺片"里为什么没有肺？	132
东坡肘子是如何歪打正着的？	133
麻婆豆腐真的是以"麻婆"命名的吗？	133
回锅肉为何被称为川菜之王？	134
水煮牛肉是谁发明的？	135
灯影牛肉是由唐代著名诗人元稹命名的吗？	136
蒜泥白肉具有很高的营养价值吗？	136
雪魔芋烧鸭	137

成都的地道小吃　　138

冒菜与麻辣烫有什么区别？	138
担担面缘何得名？	139
宋嫂面的老家是哪里？	139
钟水饺与北方水饺有何区别？	139
馄饨在成都怎么吃？	140
赖汤圆的"三不粘"指的是什么？	140
双流兔头来源于麻辣烫么？	141
农家小菜川北凉粉为何如此知名？	141
三大炮是一种什么小吃？	142
成都人吃什么样的豆腐脑？	143
张飞牛肉与张飞有什么相似之处？	143

成都的古镇与都江堰

成都的古镇　　146

洛带古镇的名字和后主刘禅有什么渊源？	146
洛带古镇为何被称为"中国西部客家第一古镇"？	147
黄龙溪古镇与刘备登基有什么特殊渊源？	147

平乐古镇外的竹林与蔡伦有何关系？	149
西来古镇的文峰塔体现了什么？	150
街子古镇的字库塔是做什么用的？	150
铁佛古镇的名字有什么由来？	151
江口古镇见证了哪位名将功亏一篑？	152
元通古镇为何被称为"小成都"？	153
火井古镇中的火井具体指的是什么？	153

成都的都江堰   155

都江堰曾有过几个名字？	155
都江堰修建之前成都为何屡发水灾旱灾？	156
都江堰的修建有什么战略意义？	156
李冰究竟是何许人也？	157
都江堰真是李冰父子组织修建的吗？	158
都江堰各部分的作用都是什么？	159
修建都江堰时为何要沉下五座石犀？	160
都江堰为何至今能够发挥作用？	160
后世人们如何祭祀李冰父子？	161
都江堰的治水经验现在还管用吗？	162
都江堰有何历史意义？	163

成都的人文景观与大熊猫

成都著名的公园   166

望江楼公园为何种有这么多竹子？	166
望江楼公园内哪副对联是"千古绝对"？	167
望江楼公园里还存在有故事的景点吗？	168
崇丽阁因何命名？	169
文化公园所在地在过去是什么地方？	170
人民公园的前身是成都历史上的第一个公园吗？	171
人民公园内的纪念广场是为纪念哪项爱国运动？	171
为何说浣花溪公园很有诗意？	172
浣花溪公园与薛涛有什么关系？	172
塔子山公园的九天楼与"三苏"有何关系？	173
百花潭公园有着怎样的传说？	173

成都的博物馆 — 175

- 三星堆博物馆为何被誉为"长江文明之源"？ — 175
- 四川博物馆中有哪两件镇馆之宝？ — 176
- 金沙遗址博物馆中的太阳神鸟有什么传奇？ — 177
- 乌木艺术博物馆为何有"乌木王国"之称？ — 178
- 刘氏庄园的主人是如何发迹的？ — 179
- 建川博物馆是因何而建的？ — 180
- 三寸金莲陈列馆的地面为什么是凹凸不平的？ — 181
- 郭沫若曾经参观过四川大学博物馆吗？ — 182
- 为什么说成都博物馆新馆可以讲述成都的"前世今生"？ — 183
- 泰迪熊真的具有"魔力"吗？ — 184
- 四川客家博物馆是中国唯一的综合性客家博物馆吗？ — 185

成都的大熊猫 — 187

- 大熊猫是谁最先发现的？ — 187
- 大熊猫名称的来历 — 188
- 大熊猫是食肉动物吗？ — 189
- 大熊猫的进化史 — 190
- 小熊猫跟大熊猫有何区别？ — 191
- 淑女与熊猫的故事 — 192
- 大熊猫在国外的经历 — 193
- 熊猫外交 — 194

成都的民俗特色

成都人的休闲娱乐 — 198

- 川剧是怎样形成的？ — 198
- 川剧都有什么流派？ — 199
- 川剧的唱腔主要有哪几种？ — 200
- 川剧的脸谱有什么独特之处？ — 201
- 川剧中有几大角色？ — 202
- 变脸的脸谱多用哪些人物的造型？ — 203
- 四川评书的发展历史是怎样的？ — 204
- 您了解四川善书吗？ — 205
- 老成都人为何喜欢去茶社？ — 205

老成都的滚铁环是怎么回事？ 206
什么是"游喜神方"？ 207
正月初五要祭财神吗？ 208
正月初七为何被称为"人日"？ 209
元宵节为何要放"孔明灯"？ 210
老成都人过元宵节时的"四偷"是什么？ 210
元宵灯会到底形成于哪个朝代？ 212
都江堰为何要在清明节放水？ 212
老成都的端午节有什么习俗？ 213
老成都七夕节有哪些习俗？ 215
中秋节拜月为何由女人来主持？ 216
老成都人为何把中秋节叫做"月光会"？ 216
客家人为何要举办火龙节？ 217

成都人的方言俚语 219

老成都的方言是怎样形成的？ 219
与动物有关的老成都俗语有哪些？ 220
您了解老成都人那些亲切的称谓语吗？ 220
老成都有意思的歇后语有哪些？ 221

成都的土特产 223

蜀绣的发展史 223
蜀绣都有什么针法？ 224
蜀锦的发展史 224
彭州大蒜的发展史 226
蒙顶茶是唯一的温性茶吗？ 226
"云顶明参"的名字是朱元璋所赐？ 227
银丝工艺品的历史 228
瓷胎竹编只靠一把刀就能完成？ 229
青城茶有何传说？ 230
您喝过四川的屏山茶吗？ 231
自贡龚扇的发展史 231
崇州郁金跟其他郁金有何不同？ 232
蜀笺就是指"薛涛笺"吗？ 233
蒲江雀舌的独特之处 234
鹤鸣贡茶有何传说？ 235
新都桂花糕的食谱传说 235
成都漆器的历史 236

"枇杷茶"名字的来源	237
花楸贡茶怎么成为贡茶的?	238

附 录

名胜古迹TOP10	240
名山胜水TOP10	243
美食小吃TOP10	246

开 篇

出行前的准备

在去往成都之前,我们有必要先来了解一下这座城市的大致情况。成都是一座历史悠久的城市,位于我国西南方,是川蜀地区的中心。这里气候宜人,风景秀丽,有世界闻名的大熊猫基地,也有全国最多的茶馆。这里的人们生活节奏平稳,日子很悠闲,与沿海高节奏的城市大不一样。在成都,人们可以吃到最正宗的回锅肉和宫保鸡丁,可以游历青城山、西岭雪山等名山大川,可以瞻仰都江堰、武侯祠等名胜古迹。当然,最有趣的是,无论你去吃美食还是看美景,都能听到身边的当地人说着一口韵味十足的四川话。这种集南北方各种语系而成的方言,一定会让你听了忍俊不禁。

成都的历史

成都,简称蓉,是四川省省会,中国西南地区城市,被国务院确定为西南地区的科技中心、商贸中心、金融中心,而且在四川省的政治、经济以及文化中也处于中心地位。它是国家西部战区司令部所在地,拥有西南地区最大的航空港。

成都的历史悠久,素有"天府之国""蜀中苏杭""蜀中江南"的美称,是国家首批历史文化名城和中国最佳旅游城市。它有三千多年的建城史。根据《华阳国志·蜀志》的记载,在公元前5世纪中叶,"古蜀国"开明王朝把都城从广都樊城迁到了成都，然后在此建城。关于"成都"命名的由来，根据《太平寰宇记》记载，是借用了西周建造都城时候的历史经过，即"一年而所居成聚，二年成邑，三年成都"，"成都"也就由此得名。

成都是一座历史悠久的古城，在国务院首批公布的24个历史文化名城中占有一席之地。自被命名为"成都"开始，它的名字就一直没有变更过，而且一直是四川地区的郡、州、府、道、省等行政区划的首府所在地，这在中国历史上也是极其少有的。

成都是一座商业发达的城市，在秦朝时期便是全国有名的商业都市。它也是一座工艺名城，从战国到汉朝时期，它的漆器就已经非常有名了，而且在汉、晋时代，成都的蜀锦也闻名天下。到了唐宋时期，成都的音乐、戏剧以及歌舞风靡全国，有着"蜀戏冠天下"的美誉。

成都自古以来就是一座滋养人才的城市，汉代有司马相如以及扬雄，五代十国有大画家黄筌以及黄居采父子，到了宋代更有著名的史学家范祖禹。成都还是一座人才汇聚的城市，赫赫有名的诸葛亮，大诗人李白、杜甫、陆游、范成大等都曾住在这里，所以成都也有着"天下诗人皆入蜀"的说法。到了现代，郭沫若、巴金、李劼人、周太玄等著名人物都曾经受教于成都的石室中学。所以说，成都是一座善于吸收人才的城市，也是一座容易滋养人才的城市。

成都独有的特色

成都是一个极具特色的城市，热爱旅游的人们一定不能错过到这里。这里有独特的美食、有趣的方言、遍地林立的茶馆和各色各样的土特产。相信每一个来过成都的游客都会觉得不虚此行。

美 食

成都素来被称为美食之都,其所诞生的川菜被称为八大菜系之一。著名的回锅肉、宫保鸡丁、鱼香肉丝、麻婆豆腐等都属于川菜。成都小吃也非常丰富可口,它以独特的香辣口味而闻名全国,常见的成都名小吃有夫妻肺片、棒棒鸡、担担面、龙抄手、钟水饺等。

美食指示灯

羊西线:属于品牌餐饮聚集的地方,这里有一批全国有名的餐饮品牌,如银杏、顺风肥牛、南台月、巴谷园等。

小贴士:羊西线以中餐为主,火锅为辅。

沙西线:这条线以大众美食为主,美食不仅口味正宗,而且价格便宜。在这条线上有每日爆满的夕阳红老菜馆,它的大妈系列菜品迷住了来自五湖四海的游客;还有小桥流水的故乡缘川菜馆,它那具有浓厚川味的合欢香菇包、脆皮粉蒸肉等系列菜品,也让无数人为之倾倒。还有顺兴老茶馆,在这里可以吃到成都的著名小吃,令人流连忘返。

小贴士:沙西线是一个适合朋友聚会、请客的地方。

麻南新区:这是一条火锅街,有将近20家火锅店。其中有赵老四九尺鹅肠火锅、食圣黄辣丁火锅和鲜火锅等品牌火锅,还有连锅、山珍火锅、美蛙火锅等。

小贴士:在这里,人们可以吃到各式各样的火锅。

武侯大道:在这条大道上有一座价格公道且菜肴美味的武福源酒楼,还有"大唐人"火锅店。位于外双楠的置信逸都城近些年也汇聚了几十家酒楼,如凯悦家宴、新天府大酒楼等。

美领馆美食区：这里的餐饮密集度很大，有魏火锅、玉龙火锅等风味火锅店，有海上皇、天人海鲜粤菜馆，有经营东南亚菜的泰国鱼翅馆，有卖杭帮菜的新外滩酒店，还有大自然河鲜馆、繁华居、毛哥老鸭汤等川菜系列酒楼。

小贴士
这里菜式比较多，可选择性比较大。

茶 馆

成都是全国茶馆最多的一个城市，据不完全统计有4000多家。成都居民最爱闲坐茶馆，下棋聊天。到这里游玩的人们一定要记得抽出半天时间，找一个舒服的茶馆，惬意地喝上几杯。躺在藤椅上看成都人的生活，你会觉得时光在这里慢了许多。

茶馆指示灯

顺兴老茶馆：它是成都的一座老字号茶馆，极具老成都的特色，想要体验四川民俗的游客，茶馆是必选之地。

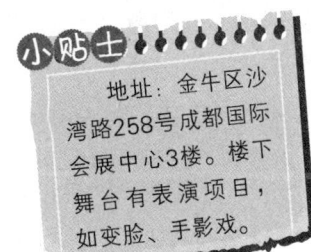

小贴士
地址：金牛区沙湾路258号成都国际会展中心3楼。楼下舞台有表演项目，如变脸、手影戏。

悦来茶楼：公认的"戏窝子"，在喜爱戏剧的茶客心中有着不可替代的地位。

小贴士
地址：成都市华兴街54号。

鹤鸣茶社：是一个有些年头的老茶馆，茶客非常多。那些老式的竹椅以及古色古香的亭子，都是它的特色。当太阳出来的时候，院子里就会摆满椅子，人们在此打牌、聊天、看书、打瞌睡，再喝会儿晌午茶，当真是人生一大乐事。

小贴士
地址：青羊区人民公园。茶水种类很多，价格公道。

大慈寺茶馆：成都很出名的茶馆，喝茶便宜，茶客以老人居多，在此打牌、打麻将。

小贴士
地址：锦江区东风路一段大慈寺。这里的气氛很好，有的时候还可以听听和尚做晚课的梵音，可以使人的精神处于宁静之中。

河心茶庄：它是一家半岛状的露天茶馆，桌子和椅子沿着河堤依次摆放，配上垂柳以及青竹，人们一边喝茶一边沐浴江风，很是惬意。

小贴士
地址：成都市河滨路北段。春、秋季来此小坐最为舒适。

土 特 产

成都位于四川盆地，因为得天独厚的地理条件，物产极为丰富，产生了许多著名的特产。如郫县豆瓣、川芎、蛋苕酥等。这些特产带着浓厚的文化底蕴，将成都的文化体现得淋漓尽致。

土特产指示灯

郫县豆瓣：顾名思义，这是成都市郫县的特产，是四川三大名瓣之一。色、香、味俱全，素有"川菜灵魂"之称，它的制作技艺被列为第二批国家级非物质文化遗产名录。

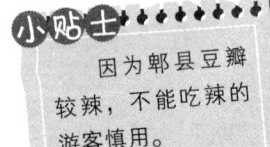

小贴士
因为郫县豆瓣较辣，不能吃辣的游客慎用。

川芎：分为坝川芎、山川芎和抚芎三种。它可以入药，如果以干燥根状茎入药的话，可以起到镇静、镇痛、催眠、降压、扩张冠状动脉、增加冠状动脉血流量、对抗心肌缺氧等作用。

蛋苕酥：它的主要原料是鲜红苕，然后加鸡蛋、优质香米、麦芽糖等制作而成。主原料红苕含有丰富的黏液蛋白，是一种极具营养的食品。

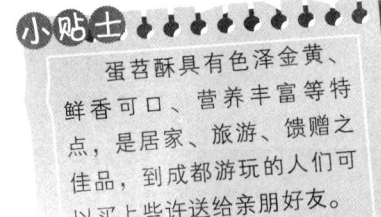

小贴士
蛋苕酥具有色泽金黄、鲜香可口、营养丰富等特点，是居家、旅游、馈赠之佳品，到成都游玩的人们可以买上些许送给亲朋好友。

除了美食、茶馆、土特产之外，成都还有极具特色的酒吧、影剧院、购物街、商铺老号、书市、收藏品市场等，您可以选择性地进行游玩。

成都最佳的旅游季节

成都市处于川西北高原向四川盆地过渡的交汇地带，因此具有独特的气候特征。成都市东部和西部的高低差异很大，所以两者间的气候是不同的，属于东暖西凉的气候格局。成都的气候具有春燥、夏热、秋凉、冬暖的特点，春、冬季节少雨，夏、秋季节多雨，每年的平均降雨量在1000毫米左右。根据成都市气象局的资料记载，成都市属于中亚热带湿润季风气候，风级一般是静风。

根据成都的气候特征，人们来这里旅游的最佳时间是3—6月和9—11月。如果人们想在七八月份来到成都游玩的话，那么最好选择成都附近的青城山、西岭雪山、天台山、九龙沟、龙池森林公园以及九峰山等避暑胜地。

来成都需要了解的方言

每个地方都有各自的方言，作为天府之国的成都当然也不例外。成都的方言，是融合了湖南、湖北、广东、广西等各省的方言而成的，集众多优点于一身，风趣幽默，非常好玩。下面向您介绍在成都常听到的几个方言：

猪儿——出租车

老妞儿——老婆

嗯是——果然

莫搞——没希望

归意——好了

抵拢——直走

丁到——吃多了不消化

告一哈——试一下

摸来头——没关系
搞不赢——忙不过来
吃莽莽——吃饭
搞求不醒豁——弄不懂
要得——好的
莫得——没有
瞥——不好
倒拐——转弯
哈哈儿——一会
提劲——很好
龙门阵——聊天

小贴士

您来成都旅游，如果能够听懂或者能说一些成都的常用方言，不但可以为您的旅途提供一些便捷，而且还会使成都的人们对您的好感倍增，在旅行的过程中您将收获更多欢乐。

成都的历史与消失的老城门

　　成都的历史十分悠久。东周末年，蜀王开明九世从郫县迁徙成都。公元前316年，秦惠文王派张仪、司马错灭巴蜀，改蜀国为蜀郡，设成都县，作为蜀郡的治所。自此，成都这个名字从未变过，但是它有很多别称，比如，由于此地盛产蜀锦，因此被称为"锦官城"，也叫"锦城"；五代后蜀国主孟昶的妻子花蕊夫人喜欢芙蓉花，孟昶就派人在成都遍植芙蓉树，因而成都又有了一个美丽的名字：蓉城。

　　成都的城池构造像一支乌龟，不像其他城池那样方正。老成都有许多城门楼，如万里桥门、太玄门、迎晖门、万春门、乾正门、存政门等，而每一个城门都有一段精彩的故事。

历史上的老成都

伏羲的故里真的是在巴蜀吗？

伏羲，风姓，又名宓羲、庖牺、包牺、伏戏，亦称牺皇、皇羲、太昊，是神话传说中的上古神人，中华民族的人文始祖。他创立八卦，开启了中华民族的文化之源。八卦学中所含的"天人谐和"的整体性思维方式和辩证思想，是中华文化的原点。他制定了人类的嫁娶制度，创造文字替代原始的"结绳而记"，发明乐器，制作歌谣，教民织网渔猎，并制定了一套社会管理制度，对社会的发展做出了极大的贡献。因此在古代史籍中被尊为三皇之首、万王之王。

伏羲画像

但就这样一位圣人，后人却难以弄清他究竟是哪里人。据《山海经·海内经》云："西南有巴国，大暤生咸鸟，咸鸟生乘厘，乘厘生后照，后照是始为巴人。"《吕氏春秋·立春纪》云："其帝太"；高诱注："太，伏羲氏。"所以阆中巴人，为伏羲之后代。《补史记·三皇本纪》云："太庖羲氏母曰华胥；履大人迹于雷泽，而生疱羲。"《山海经》云："雷泽中有雷神，龙身而人头。"而《补史记·三皇本纪》称，伏羲为"蛇身人首，有圣德"。古代龙、蛇不分，"巴"字像蛇，巴人以蛇为图腾，故巴人皆为龙族。种种史料似乎表明，伏羲的故里就在巴蜀。

但学术界还有另外的观点。大部分学者认为，伏羲的故里在今天的甘肃天水地区。在天水市区西关伏羲路，有一座伏羲庙，始建于明成化年间，后来经过九次重修，成为古建筑群。还有人认为是在河南淮阳县，因为那儿有一座太昊陵，占地875亩，建于春秋年代，扩建于唐代。比天水的伏羲庙年代更早，似乎更有说服力。

圣人已逝几千年，虽然因出生地不详，留给后人一个谜题，但也给我们留下了灿烂的文明。

古蜀国为何神秘失踪了？

据文献记载，古蜀国最早的先王是蚕丛、柏灌、鱼凫，三代而下是望帝杜宇、鳖灵，或说是蒲泽，其后是开明。这些帝王名号怪异，史籍的记载也模糊不清。晋代的《华阳国志》中说："蜀侯蚕丛，其目纵，始称王……次王曰柏灌。次王曰鱼凫。"《华阳国志·巴志》记载说："武王伐纣实得巴蜀之师。"这就是说，在武王伐纣的过程中，古蜀国的军队起到了十分重要的作用。看来，古蜀国的确存在。但古蜀国究竟是怎么神秘消失的呢？这成了困扰学术界的一个千古难题。

1929年春天，四川省广汉市南兴镇农民燕道诚在住宅旁边掏水沟的时候，发现了一坑精美的玉器。由此，"惊醒"了沉睡几千年来的"三星堆"文明。到了2001年，又发现了震惊世界的金沙遗址。从这些遗址里挖掘出来的文物中可以看出，这里曾经有着高度发达的文明。而且出土的众多青铜面具和铜像，则可以使我们窥见当时的祭祀文明和神学在奴隶社会的重要性，甚至我们可以以此大胆推测古蜀国灭亡的原因。

可以想见，在古蜀人偏安一隅的平静生活中，来了一支中原的民族，带着更为发达的中原文明，作为一种神学控制了古蜀国人的精神世界，从而和王权分庭抗礼。后来发生了一场火灾，烧毁了神庙的祭物，一部分古蜀人认为是上天对他们的惩罚，于是就离开了原来的居住地。他们迁到陕西，建立了弓鱼国，和当时中原的统治者周朝建立了很好的关系，慢慢融合、被吸纳而消亡。另外一派则重新解释了神权，完全统治了子民，建立起较为强大的政权。强大起来后，蜀王凭借天险还进攻外面的秦、楚两国，后来秦国通过商鞅变法，楚国通过吴起变法，都强大起来，形成了初期的封建制。于是楚国进攻和蜀国相邻的巴国，古蜀国不仅不助友国抗敌，反而趁火打劫，抢占领土。结果在秦国凿开蜀道之后，在秦、楚的夹攻之下，古蜀国就被消灭了。

古蜀国的灭亡，根本原因是它的文化没有经过改革和竞争的磨砺，因此被发达的中原文明所吞食。说到底，其实就是落后的奴隶制跟相对进步的封建制的斗争，前者终究会被后者所取代。

什么是"湖广填四川"

成都历史上，曾经有过多次大规模的移民浪潮，最出名的就是"湖广填四川"。

南宋后期，川蜀地区成为抗击元军最后的堡垒，南宋军民靠着得天独厚的地理优势与元军殊死斗争，一直打了五十多年，甚至打死了蒙古的大汗蒙哥。这是蒙古军队

成都金堂云顶石城

在征服世界的过程中，唯一一个在战场上被打死的大汗。由此可见南宋时四川人民的战斗力之强大和战斗意志的顽强。

在成都的金堂云顶山上，至今还保留着一座石头城，就是当时抗元留下的遗迹。但是由于接连不断的战争，川人死难无数，导致人口锐减。后来蒙古人灭掉南宋，攻陷成都，就开始了惨绝人寰的屠城行动，"城中骸骨一百四十万，城外者不计。"在元朝的统治下，成都了无生

机，几乎等同于一座死城。至元二十七年（1290年），四川人数还不到南宋嘉定年间的十分之一。

元末红巾军起义后，湖北随县人明玉珍带领农民起义军入川，建立了大夏国，给四川注入了新的血液，也使得四川的局势相对稳定，于是大量的难民涌入四川。后来由于两湖一带战乱不断，因此更多的湖广人陆续避难移民四川。

清顺治十八年，四川全省人口再次锐减，总人口只有50万左右。这是因为在崇祯十七年的时候，张献忠进川，又一次大开杀戒。据野史记载，他曾写过一道"七杀碑"："天生万物以养人，人无一德以报天，杀杀杀杀杀杀杀。"整个四川全境都遭到了屠戮。后来吴三桂进川，更是惨无人道地对待川民，六年内将川民"皮穿髓竭"，搜刮得一干二净。成都十室九空，杳无人烟，老虎等凶兽公然在大街上行走。

清朝的官员看到四川偌大一个省份，几乎荒芜，感觉十分痛心。于是经太子太保、四川巡抚李国英上奏获准，"招两湖两粤、闽黔之民实东西川，耕于野；集江左右、关内外、陕东西、山左右之民，藏于市。"朝廷还专门出台措施，对川民免赋。因而，从顺治末年到康熙年间，大批的两湖两广人、福建人、江西人、陕民举家迁往四川。

"湖广填四川"历经一个多世纪，到乾隆四十九年（1784年），四川的人口才得以上升。

"湖广填四川"使四川人丁兴旺，恢复了四川的经济。同时各地的移民还带来了不同地域的文化，这些文化融合在一起，最终形成了独特的川蜀文化。

"成都"市名的演变史

成都是国务院首批公布的二十四个文化名城之一。近年来发现的金沙滩遗址，使它的建城史追溯到了4000多年前。

早在四五千年以前，古蜀先民就从西北高原迁到了更适宜居住的成都平原。他们辛勤耕耘，到了夏朝，形成了高度发达的"三星堆文明"；东周末年，蜀王开明九世从郫县迁徙成都，"一年而所居成聚，二年成邑，三年成都"，"成都"一名即由此而来。

公元前316年，秦惠文王派张仪、司马错灭巴蜀，改蜀国为蜀郡，设成都县（县治在赤里街），作为蜀郡的治所。公元前311年，秦王接受张仪的建议，命令蜀守张若按咸阳格局兴筑成都城，城周12里，高7丈。市区范围不大，分为东、西两部分，东为大城，郡治，是蜀太守官司舍区域、政治中心；西为少城，县治，是商业及市民居住区，商业繁盛，是经济中心所在，故成都又有"少城"之称。大城和少城共一城埔，古人称为"层城"或"重城"。

汉承秦制，成都仍为蜀郡的治所。汉武帝元封五年（公元前106年）时，以巴蜀地区为中心设置了益州，成都成为益州刺史的治所，在原少城基础上又筑南小城，与之相对的蜀王城则称为北小城，加上锦官城，三城连接成大城，称为"新城"。到了西汉，成都丝织业空前发达，于是政府在成都设置锦官，其办公处所日后被称为"锦官城"，简称"锦城"，也就是成都得名"锦城"之始。

到王莽时，益州改称庸部，蜀郡改为导江郡。西晋初期，把全国分为十九个州，成都仍属益州，州治仍在成都。进入唐代，唐先后置成都为州、郡、府。其间为管理方便，成都人口稠密的东部曾被划为蜀县。唐明皇避"安史之乱"来到成都，蜀县改称"华阳县"，成都也改称"南京"，成了中原人士的避难所。公元879年，唐剑南西川节度使高骈为加强防卫，又筑"罗城"。这是成都城第一次改用砖石建造。其后，前蜀的王建、王衍父子和后蜀的孟知祥、孟昶父子割据于成都，其间后蜀孟知祥在罗城之外，"发民丁十二万修成都城"，增筑羊马城，城周达四十二里，其子孟昶命人在城墙上遍种芙蓉树，因此人们称之为"芙蓉城"，简称"蓉城"。

"锦城"这一名字由何而来？

成都在它漫长悠久的发展过程中，获得了不少美称。其中有一个叫"锦城"。那么这个名字是如何得来的呢？

成都锦城公园

原来，在西汉时期，四川的丝织业非常发达。由蜀地生产出来的锦成为全国各地的热销品。为了更好地控制蜀锦的发展，朝廷特意在成都设立"锦官"来专门管理，所以人们就称成都为"锦城"或"锦官城"。后来由于战乱，这一制度被迫中止，刘备入川之后，诸葛亮为了增加财政收入，以资军用，就恢复了"锦官"的功能。由织锦带来的经济效益，充作军费，为诸葛亮兴师伐魏六出祁山做了极大的贡献。

三国时的益州和成都是同一地方吗？

益州，是中国的一处古地名。其范围大概是现在的四川盆地和汉中盆地一带。汉元封五年，汉武帝在全国设置刺史部，四川地区划为益州部。但当时的益州以云南地区为主。到了东汉，政府把益州的首府迁到了成都。益州地区自古就是天府之国，盆地土壤肥沃，旱涝保收，资源丰富，且地势险要，易守难攻，在战乱年代诞生了很多偏安政权。

三国时期，蜀国的诸葛亮《出师表》里有言："今天下三分，益州疲弊，此诚危急存亡之秋也。"这里所说的益州，指的就是以成都为中心的蜀汉地区。因此严格来讲，益州的范围要大于成都，它们虽是一个地方，但是属于隶属关系，成都被益州管辖。

"扬一益二"指的是什么时候的成都？

在唐代，成都的经济文化水平达到了历史上的巅峰。唐末时期，天下大乱，当时全国的经济最为繁荣的便是扬州，第二个就是益州。根据史料《资治通鉴》记载："扬州富庶甲天下，时人称扬一益二"。《成都记序》："大凡今之推名镇为天下第一者，曰扬、益。"这就是"扬一益二"的由来。而成都在当时属于古梁州，在东汉之后把以云南为主的益州兼并进来，所以成都也被称为"益州"。因此，"扬一益二"中的益州指的便是唐朝时的成都。

在秦汉时期，成都的经济文化就已经很发达了。到了汉武帝的时候，全国设立了13州刺史部，而益州刺史部就设立在了成都，这个时候的成都就已经有"天府"的称号了。

隋唐时期，成都已经成为全国有名的大城市之一。这里的经济繁荣昌盛，各个经济领域都发展得很快，比如农业、手工业、印刷业以及丝绸业等。据说当时的"蜀锦"经常用来上贡朝廷，连杨贵妃都非常喜欢用"蜀锦"做的衣服。成都也是印刷术的发源地之一，在中国市场上占据了很大的份额，绝大多数的印刷品都出自这里。不仅如此，成都还有全国重要的菜市、蚕市以及"草市"。成都的旅游业也非常发达，当时的开摩河池、百花潭以及昭觉寺等都非常有名，很多文学家、诗人都会短期旅居成都，如诗仙李白、诗圣杜甫、王勃、高适、岑参、李商隐等。

成都在唐朝时期的发达程度不可谓不高，也难怪会有"扬一益二"的说法了。

成都为什么又被称为"蓉城"？

成都建城3000多年，在3000多年的历史中，它还有几个其他的别名，其中之一便是"蓉城"了，那您知道成都为什么又被称为"蓉城"吗？

有一种说法，当年在建城的时候，因为地质原因导致地基不稳，建好之后的城墙总是塌陷。之后出现了一只神龟，它为人们建城指引了道路，这座城才被建成。而神龟指引的路线就是一朵芙蓉花，"蓉城"也就因此而得名。

还有一种说法，相传五代后蜀主命人在成都的城墙上种满芙蓉，目的是为了保护城墙。到了九月，芙蓉盛开的时候，从远处观望，城墙上就好像有许许多多的锦绣一样，非常好看，所以，成都又被称为"蓉城"。

还有一个传说流传最广，而且最被人们所接受。在唐朝，成都通常会在二月的时候举行盛大的花市。每当到了这个时候，成都就会成为花的海洋。在某一年的花市，五代后蜀主的王妃花蕊夫人在这片花的海洋中一眼就发现了芙蓉，并被它吸引。这个发现让她特别欣喜，后来这件事情被蜀王知道了，为了讨花蕊夫人的开心，就命令属下在成都市各个街道都种植上芙蓉树。到了春暖花开的时候，芙蓉花在成都随处可见，如锦如绣。"蓉城"也因此而得名。

芙蓉树

后来，后蜀国被宋朝所灭，花蕊夫人也被宋国皇帝掠到后宫之中。但花蕊夫人却常常思念后蜀主，并且一直偷偷保存着他的画像。之后，这件事被宋国皇帝知道了，让她交出画像，但花蕊夫人坚决不从，后来就因为这件事情被杀死了。因为花蕊夫人对爱情的忠贞不渝，所以后人对她很是崇敬，并把她尊为"芙蓉花神"，而芙蓉花也被命名为"爱情花"。

成都历史上发生过的地震

中国一共有5个地震活跃带，而四川所在的西南地区，就是重点地震区域。1910年以前，中国历史上共计发生68次特大地震，成都周边占了12次，约20%。从史料里，我们可以详细地了解这里发生地震的具体情

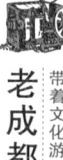

况。

唐贞观元年（627年），成都发生了一次大地震。当时城西有一座福感寺，是远近闻名的宝刹，每逢旱灾，当地百姓都在此祈雨，非常灵验。据《法苑珠林》记载，地震当天，福感寺里的宝塔剧烈颤动，摇摇欲坠，忽然天空中出现了四个跟宝塔一般高大的神灵，从四个方向扶住了塔身，宝塔才完好无损。不过由于《法苑珠林》是唐朝佛教典籍，书中有很多玄妙的内容，而且同时期的当地县志史籍并没有记载此事，因此这件事的真实性令人怀疑。

明万历四十六年（1618年）9月18日子时，成都突然发生地震，当时正是子夜，人们都慌忙呼儿唤女，从屋子里逃出来。据《万历四川总志》记载，当时伤亡并不大，但是之后的四天里接连余震，使人们的生活难以安宁。

明崇祯二年（1629年）12月，地震再次来袭。根据当时四川才子李调元在《井蛙杂记》一书中的记载，地震当天，蜀地连续震颤了一二十次，城外河水暴涨，水呈红色；城内鸡飞狗跳，一片慌乱。好在百姓并没有什么伤亡，只有城楼上几个值勤的士兵因为城墙坍塌而不幸遇难。人们对这次地震记忆最深的就是河水的颜色。

1933年8月，成都的叠溪发生了7.5级大地震，震源在东南方向，波及成都。这次地震是成都历史上最严重的一次地震，伤亡近百。

除了这几次破坏力比较大的地震，成都历史上的地震其实都不严重，史料中的记载一般也都是寥寥数语。后蜀孟昶时，《十国春秋》只记载了"地震"二字；宋景德四年（1007年），史书上仅有四字："益州地震"；光绪六年（1880年）3月27日，"成都微觉地动，如一阵风过，瞬息即止"，可见这里也是一块福地，往往震而不伤。

已消失的老成都城门楼

为什么成都被称作"龟化城"?

众所周知,成都有很多别称,且大多数都是美称。但有个称号,听上去不是很好听,叫"龟城",或是"龟化城"。这到底是怎么一回事呢?

原来,这并非是难听的称呼,而是一个雅称。据《华阳国志·蜀志》记载:古蜀虽亡,其人尚众,秦于取蜀后二年(公元前341年)移秦民万家以实之。先后筑成都、郫、临邛三城,互为犄角。也就是说,秦国首先去建设"大城"作为蜀侯、蜀相、蜀守的治所,然后把秦地的上万家百姓迁徙过去,同化他们。但因为当地低洼潮湿,土质松软,建城不易,需要取土填埋,故而屡筑屡颓,花了不少时间,建起来非常麻烦。后来因地制宜,将地基打在高处。结果成型之后,整个城市的形状南北不正,不方不圆,看起来像是一只乌龟,因此人们称其为"龟城"。在古代,神龟属于灵物,于是人们就杜撰了神龟示迹的传说来附会。《搜神记》中说,秦惠王二十七年,秦王派张仪筑成都城墙,屡筑屡颓。忽然有一天,从江面上漂来一只乌龟,死在了城角。主持修

成都市地貌沙盘

城的张仪去问巫师，巫师说："这是上天的指示，是让我们依照神龟的样子建筑城墙。"张仪就依照巫师的吩咐去建造，造好之后没有坍塌，所以成都又叫"龟化城"。

"二十四点"指的是老成都吗？

成都的别称很多，众所周知的有"蓉城""锦官城"等。但是它还有一个不为人知的名字："二十四点"。这样以数字为城市命名的情况很是罕见。那么，这个奇怪的名字背后，又有着什么样的故事呢？

据说，成都有一次突然发生了一场大火。火灾造成了很大的破坏，许多人和牲畜都被大火吞噬了生命，大量房屋被焚毁。火灾之后，四川总督福康安上奏朝廷重修，重修之时，地方官为了避免再次发生这样的灾难，就按照五行学问中"水克火"的传统理念，在城门楼的命名上做了这些安排。在成都的四个主要的城门楼上，分别取名溥济、浣溪、江源、涵泽。这八个字的偏旁都是"三点水"，八个"三点水"合共是"二十四点"。后来人们就用"二十四点"来代指成都。

历史上的老成都有过哪些城门？

成都建城于先秦，因为形状类似龟的模样，所以叫"龟城"；又因为年代太过久远，所以关于城门的资料不太详实，且明清以前的也不太准确。据学者们研究，秦城的城门有5座，汉有13座，直到唐建罗城，才确定罗城的东、西、南、北四个方向都有两道城门。东门是大东门和小东门，西面是大西门和小

成都东门遗址

西门，南面是万里桥门和窄桥门，北面是太玄门和朝天门。

到了明清时期，朝廷为了更好地防护城池，加强防御能力，成都的每一面城墙都只保留了一个城门。东门，又叫迎晖门，是历史上的小东门。包括此前已有的大东门，两者都是唐时所建，五代时大东门改为万春门，小东门改为瑞鼎门。民国时期修建新东门，又称武成门。南门，又叫江桥门，万里桥门。抗战时期修建了新南门，又称复兴门，但在新中国成立之初就被拆除，是成都历史上寿命最短的城门。西门，唐时分大西门和小西门，小西门又叫小市桥门。五代时将大西门改为乾政门，小西门改为延秋门。清末民初又建新西门，取名通惠门。北门，唐建立时称大玄门，明清时改为大安门。抗战期间曾修新北门，名为存正门，但由于该门主要是党政机关使用，普通百姓较少通行，所以名气很小，人们也就不把它当成一个城门了。

老成都的老东门为何开在南城墙附近？

成都的老东门位置非常奇特，它不在东城墙的中央位置，而是在靠近城的东南角位置，几乎快到了南城墙上。这种奇特的建筑风格是在全国绝无仅有的。那么，为何设计者会这样安排呢？

经后世的学者研究认为，城门这样设计无非是有两个原因。一是因为成都本来就是不规则的一座"龟城"，南、北等方位不是那么分明；二是因为在唐修建罗城之后，最开始是有两个东门的，一个是偏北面的大东门，在五代前蜀时改成万春门，一个是偏南的小东门，五代前蜀时改为瑞鼎门。到了明朝洪武年间，规定每一面城墙只保留一个城门。因为内江和外江的汇合处在偏南的小东门附近，而且金水河的出城口也在这里，为了便于河道运输和人们的出行，就把大东门关掉了，只留了偏南的小东门。这个小东门，就是后来的老东门。

老成都人为何要封闭新东门和新西门？

因为成都的东门太偏南，成都人往东出城不方便，因此辛亥革命之后，成都地方政府就在东墙偏北处新开了一个门，命名为武成门。但成都人很少叫它武成门，只把它跟老东门区别开，叫它新东门。武成门常常会被写作是"武城门"，而这是不对的。这个名字的来源是《左传》里的一句话，"秦晋为成"。意思是秦晋已通婚结好，不再打仗了。事实上，这名字里有企盼和平的寓意。

新西门又叫通惠门。因为老西门位置靠北，人们去西南方向多有不便，所以四川督军就下令在青羊宫方向开了一个新西门，便于人们进出城。新东门和新西门开通之后，方便了成都人的来往。但是接连而来的军阀混战使成都战火不断，民不聊生。成都的一些老人便认为是因为开通了新东门和新西门，改变了成都作为一个"龟城"的格局，让原来没有头和尾巴的龟长出了头和尾巴，招致军阀们砍来砍去。因此要求关闭新东门和新西门。当时甚至有人写了一首《竹枝词》来表达这种心声："蓉城自古仿龟修，濯锦江边锦水流。首要缩藏才镇静，何须玄武强伸头。"

但因为这种呼声并未得到大多数人的支持，再加上不久之后侵华日军的飞机常来空袭，为了方便居民出城躲避，所以新东门和新西门最终也没有封闭。

老南门真的是成都所有城门中历史最悠久的吗？

成都的老南门是成都所有城门中历史最悠久的门。因为它毗邻万里桥，而万里桥自秦代起位置一直未变，所以老南门也一直存在。无非是随着城的格局变化而稍微改变了一点儿与万里桥的距离，在名字上有了几次变化而已。

自秦朝修建成都城开始，直到唐的罗城以前，成都城的规模都不算大。这期间，在南城有外江和内江经过城下，因此南门也叫江桥门。出了城门，要先上内江上的江桥，再上外江上的万里桥。待唐朝修建罗城以后，城的规模扩大，内江随之改道了，新的南门无需经过江桥，出门就是万里桥。所以南门就改称为万里桥门。到五代前蜀时期，万里桥门改为光华门，宋代恢复旧称，仍为万里桥门。明代改为中和门，清代又恢复为最初的江桥门。城门上修建了著名的城楼——浣花楼。这个名字的得来是因为在乾隆时期一位叫保宁的四川总督在城楼上题了"浣花"两个字。民国初年，浣花楼被拆除。抗战期间，城门也被拆毁。至此，老南门才算从历史的舞台上彻底消失。

老南门旧照

老成都真的有两道老西门吗？

历史上，成都曾经有两道老西门。只不过在名字上多有变迁。秦代因为历史久远，资料匮乏，无法查证。汉时只知道有一道门，叫"市桥门"。唐时从资料考据得知，有两道门，一道是大西门，一道是小西门。因为小西门跟汉时的市桥门位置相当，因此又叫小市桥门。到了五代前蜀国，当时的朝廷把所有城门都改了名字，大西门改为乾政门，小西门改为延秋门。宋时城门名字未变，元代沿用了宋制。明朝初期，乾政门改为清远门。明太祖洪武二十九年（1396年），朝廷封了小西门，只保留了大西门，也就是清远门。这样的格局一直持续到清朝灭亡。清远城门上修有城楼，名为江源楼。随着建国后城门的拆毁，城楼也不复存在。

开设通惠门是为了方便人们逛庙会吗？

通惠门又称新西门，建于清末民初，现已不存，仅有资料可以查考。清朝时期，成都的西门位于满城之内，位置非常靠北，致使成都人想要出城去西南方向非常不便，尤其是去西南的青羊宫赶花会，得先从北门或者南门出城之后，绕着城墙外面走上半天。民国初年（1912年），满城被拆之后，从城内就可以直接去西南方向了。为了方便市民去青羊宫赶会，1913年，四川督军胡景伊下令在西校场外西城墙处向着青羊宫的方向开了一道城门。取《左传·闵公二年》中"务财训农，通商惠工"这句话的意思，命名为"通惠门"。通惠门开设之后，市民的出行方便了许多。

通惠门路

通惠门在建成之初，城楼上曾高悬一块牌匾，上面写十六个大字："既丽且崇，名曰成都。文明建设，今有古无。"这是对四川新政建设颇有贡献的周善培先生写的。后来城门被拆，牌匾也不复存在，只留下了通惠门路。

老成都的北门在历史上都有哪些称谓？

成都城在秦代时，只有一个向北的城门，从此门出去，可直达咸阳，因此就叫"咸阳门"。到了汉代，成都多了一个北门。除了靠西的咸阳门外，新建了一个靠东的小锥门。这个小锥门名字的由来跟咸阳门一样，因为自此门出去，所见到的第一个城池就是雒城，也就是今天的广汉。那时候成都城的规模还很小，当时城门的位置，大概位于现在青龙街附近。

到了唐代，朝廷下令修建了罗城，基本奠定了现代成都老市区的规模。那时候的北城墙挨着清远江，而且新修建的北门只有一个，叫太玄门。出了太玄门，就上了清远桥。明清时期，格局未变，只是不再叫太玄门，而是改称为大安门，门上的城楼叫涵泽楼，门外的大桥也改成了大安桥。同时，因为清朝的京官从北京来成都大都从陕西入川，走官道由北门进入成都城。为了迎接这些京官，成都的地方官就在北门外的李家巷修建了一个迎恩楼，因此河上的桥就叫迎恩桥，北门也相应地改称为迎恩门。

成都的
祠堂、寺庙、陵墓与名人故居

　　成都是一个文化底蕴特别浓厚的城市。历史上，有许多名人在此留下遗迹。三国时期，诸葛亮曾经在此辅佐刘备，建立蜀汉政权。为了纪念他，成都人修建了一座武侯祠。大诗人杜甫曾在浣花溪旁边建起一座草房，著名的《茅屋为秋风所破歌》就是在这座草堂里完成的。道家圣地青羊宫，也位于成都。每天都有许多虔诚的道家子弟来此参拜老子。

　　成都还有许多寺庙，昭觉寺与皇家渊源颇深，宝光寺和文殊院香火不断。石经寺里的银杏树已越千年，慈云寺却是外国人所建。都江堰的设计师李冰父子被后人供在二王庙里，飞仙阁里躺的是专门为武则天打造的佛像。三星堆遗址的发掘震惊了世界，什方堂邛窑遗址里藏着古老的瓷器文明……

成都的祠堂

中国一共有几座武侯祠？

武侯祠是为纪念三国时期蜀汉丞相,杰出的政治家、军事家、散文家、书法家、发明家诸葛亮而建造的。诸葛亮自被刘备三顾茅庐请出之后,竭心尽力辅佐刘备安汉,鞠躬尽瘁,于公元234年在五丈原去世。他生前被封为"武乡侯",死后被追谥为"忠武侯",因此后世常尊称他为"武侯",并且修建武侯祠来纪念他。

成都武侯祠

目前全中国的武侯祠一共有七座,分别是成都武侯祠、陕西勉县武侯祠、河南南阳武侯祠、湖北襄樊古隆中武侯祠、重庆奉节白帝城武侯祠、云南保山武侯祠和甘肃礼县祁山武侯祠。

三顾茅庐的历史典故发生在成都武侯祠吗？

三顾茅庐是东汉末年刘备邀请诸葛亮出山的一个历史典故。这个历史典故的第一个出处是《三国志》,里面仅有一句话,叫"凡三往,乃见"。后来元末明初时罗贯中在《三国演义》里用文学手段把它演绎成故事，从而广为流传，妇孺皆知。

皇叔刘备为兴汉大业求贤若渴，广纳人才，但招来的人才都是二等谋士，不足以成大事。于是在听说了诸葛亮很有才华之后，放下身段，亲自前去南阳卧龙岗草庐里请诸葛亮出山。前两次都没有见着，第三次见到之后，诸葛亮见刘备如此诚恳，就为他定了一个三分天下的计策，这就是著名的《隆中对》。这个计策成为刘备政权的基本政策。

当时的诸葛亮还是一介布衣，住在南阳卧龙岗上，而且武侯祠是诸葛亮死了之后才修建的，因此三顾茅庐的历史典故不是发生在成都武侯祠。

武侯祠的命名与诸葛亮的官职有什么关系？

成都武侯祠，位于成都市南门大桥外西侧，是首批全国重点文物保护单位，也是首批一级博物馆。每年都有上百万的游客来此参观。因为里面纪念的是大名鼎鼎的诸葛亮。

诸葛亮，三国时期蜀国丞相。他雄才大略，忠心耿耿，为蜀汉政权立下了汗马功劳。27岁受刘备邀请出山，一心事主，联吴抗曹，定基蜀中，安汉兴刘。蜀汉政权建立以后，刘备去世，他牢记先主嘱托，为平定中原六出祁山，最终大业未成，于公元234年在陕西五丈原去世，享年五十四岁。生前被封"武乡侯"，死后被追谥为"忠武侯"。因为他广受百姓爱戴，因此臣民们上书请求为他建立祠堂，世受香火。后主刘禅就下令在汉中沔阳建立了第一座"武侯祠"。到了东晋，李雄在蜀地称王，在成都建立武侯祠。后来桓温平蜀，城内建筑都被破坏，唯有武侯祠幸存。

成都武侯祠自建成之后不断受到全国各地人们的敬拜。历史上的许多文人骚客也纷纷吟诗称颂。最为出名的是诗圣杜甫的《蜀相》。一句"出师未捷身先死，长使英雄泪满襟"，令后人无限叹息。

武侯祠大门匾额上为什么会写着"汉昭烈庙"?

刘备的谥号叫"昭烈皇帝",因此顾名思义,汉昭烈庙也就是为纪念刘备而修建的庙宇。但这座庙跟诸葛亮的武侯祠是合在一起的,人们更喜欢把"汉昭烈庙"叫作"武侯祠"。

因为刘备称过帝,再加上是汉的正朔,所以历朝历代,他的庙都是朝廷来修。但是诸葛亮的庙不仅朝廷修,民间也有人修。全国各地都有不少的武侯祠,但随战乱,大多数都在战火中被焚毁了。到了明朝初年,只剩下成都的武侯祠有人供奉香火。当时旁边的刘备庙却很冷清,这让蜀王朱椿极为不爽,觉得这是臣下欺主,就以"君臣宜为一体"为名,下令重修刘备庙,把武侯祠废了,只在刘备庙内增加了诸葛亮的祠堂。并根据刘备的庙号,定名为"汉昭烈庙"。明朝末年,刘备庙因战火被毁。清康熙十一年(1672年),地方政府重修昭烈庙,仍沿袭明代君臣合祀的格局,奠定了今天武侯祠的规模,但是改名为"武侯祠"。清乾隆时期,四川布政史周琬对历史上昭烈庙和武侯祠的兴废做了一番考证,认为武侯祠本来是建在刘备庙的旧址上,不应喧宾夺主,于是想到了一个折中的办法,将武侯祠大门匾额换成了"汉昭烈庙",庙内的诸葛亮殿改称武侯祠。但因为群众早已习惯称之为"武侯祠",因此虽然大门匾额上写的是"汉昭烈庙",但群众仍然一致呼为"武侯祠"。新中国成立后,1956年申报重点文物保护单位,国家决定遵照民间习惯,定"武侯祠"这一名称为正式名称。但"汉昭列庙"这一块匾额因为是文物,所以就没有去掉,原封不动地安置于庙祠大门之上。

武侯祠大门

这便是为什么武侯祠的大门匾额会写着"汉昭烈庙"的原因了。

武侯祠唐碑为何又被称为"三绝碑"？

武侯祠大门内的唐碑，又称"三绝碑"，是成都最古老也是最有影响力的碑刻之一。此唐碑本名《汉丞相诸葛武侯祠堂碑》。碑帽的云纹雕饰，具有唐代石刻艺术特点。其石质为峡石。碑文共24行，每行约50字，楷书。

唐碑

碑文的作者是唐代中后期著名的政治家裴度。元和二年（805年），成都动乱，唐王朝派相国武元衡出任剑南四川节度使前往镇压，裴度作为幕僚随行。裴度一直想撰文颂扬诸葛亮，到成都游武侯祠后，敬仰之情不可抑制，于是就写了这篇碑文。碑文总共分序文和铭文两部分。序文开篇处，裴度盛赞诸葛亮兼具开国之才、治人之术、事君之节和立身之道，是千古罕见的政治家。铭文的末尾，又称颂诸葛亮的功德如高山流水，万世长存。

这篇文采斐然的铭文写出后，名动天下，然后又请书法家柳公绰来书写。柳公绰是楷书中柳体创始人柳公权的哥哥，其人笔法浑厚，笔力苍劲，虽然书法成就比不上柳公权，但自具风格。再加上刻工鲁建，刀法谨严，超群绝伦，故该碑有"三绝"之誉。

诸葛亮殿里真的刻有"诫子书"吗？

诸葛亮殿属于成都武侯祠中的一部分，殿内有着诸葛亮祖孙三代的塑像。位于最左侧的是诸葛亮的儿子诸葛瞻，右侧是他的孙子诸葛尚，

位于中间的便是诸葛亮了。诸葛亮的塑像,手中拿着羽扇,头上戴着纶巾,神态非常洒脱。诸葛亮殿前放置了一座在明代铸造的财童抱口凤鸟纹铁炉,殿的左、右两侧分别建有钟楼、鼓楼一座。在殿的中间,则有一副攻心联,历代的伟人对它都非常重视。诸葛亮殿侧的走廊上,有一块极为醒目的碑刻,它就是"诫子碑",碑上面所刻的就是著名的《诫子书》。

诸葛家族中,不仅诸葛亮公忠体国,为世人所敬仰,且他儿子诸葛瞻也继承了诸葛亮的风范,为蜀国鞠躬尽瘁,做了很大的贡献。可是当年诸葛亮死的时候,诸葛瞻仅仅七岁,那诸葛亮是通过什么来教诲自己的儿子呢?那就是《诫子书》了。

《诫子书》是一封家书,是诸葛亮临死时写给儿子诸葛瞻的。诸葛亮把对自己一生的总结都写在这封家书里,希望儿子能够感受到一个父亲对他的谆谆教导以及无限期望。就是这些言简意赅但是却充满理性智慧的文字,把诸葛亮对儿子的伟大父爱充分表达出来了。

现在,《诫子书》已经成为修身立志的名篇,虽然它的文章篇幅不大,但却充满了智慧。文章中讲述了修身养性最重要的就是在"静"中体悟,对"静"字进行了论述。同时,一个人失败的重要原因就是"躁",所以在为人处世以及学习的过程中最忌讳的就是怠惰险躁。就像《诫子书》中所说,"夫君子之行,静以修身,俭以养德。非淡泊无以明志,非宁静无以致远。夫学须静也,才须学也,非学无以广才,非志无以成学。淫慢则不能励精,险躁则不能治性。年与时驰,意与日去,遂成枯落,多不接世,悲守穷庐,将复何及!"

刘备殿中为何没有刘禅的塑像?

游览汉昭烈庙的时候,会发现一个很奇怪的现象,里面只有刘备的塑像和其孙子刘谌的塑像,却没有后主刘禅的塑像,这是为何呢?

蜀国后主刘禅，小名阿斗。17岁即帝位。由于先帝白古城托孤，辅臣诸葛亮鞠躬尽瘁，事必躬亲，不让刘禅操一点儿心。因此刘禅整天无所事事，在后宫花天酒地，不理朝政，亲政后不久，他宠信宦官黄皓，残害忠良，罢黜贤人，亲近小人。公元263

武侯祠刘备殿

年，魏军大兵压境，他不顾儿子刘谌以死相抗，自缚其身，率先投降了曹魏。刘禅投降后被迁往洛阳，封安乐公。但他依旧成天怡然自得，丝毫没有亡国之君的哀伤模样，真不知长的什么心肝！

有一次，晋主司马昭宴请他，特地安排演奏蜀国乐舞，以试探刘禅的反应。结果在场的蜀国旧吏无不怆然，唯独刘禅却喜笑自若。司马昭问刘禅："颇思蜀否？"刘禅竟然答道："此间乐，不思蜀！"遂为天下笑。而他的儿子刘谌却在城破之前先杀妻儿然后自杀，以殉国难。跟其父刘禅形成了鲜明的对比。

在宋朝以前，刘备庙里有刘禅的塑像。但在宋真宗时，由于人们痛恨民族败类秦桧之流，同时，也痛恨如阿斗这种无志气、无名节之辈，因此益州知事为了顺应民意，便下令拆除刘备庙内的刘禅塑像。到了明朝初年重修刘备庙时，也曾考虑过重塑刘禅的塑像，但是随即就遭到了百姓的强烈反对，认为刘禅根本就不配被后人敬奉香火，远不如他的儿子刘谌。考虑到刘备殿内只有刘备一个人的塑像，显得太过孤单，而民间又对刘谌敬重有加，于是就增塑了刘谌的塑像。此格局一直保留到了今天。因此，至今刘备庙没有刘禅的塑像。

望丛祠的建筑风格与一般祠庙有何不同之处？

望丛祠，这个名字听起来让人有点摸不着头脑，倘若不了解古蜀国的历史，就会很奇怪怎么有这么一个祠堂。其实，"望"和"丛"指的是两位古蜀国的先王，分别是望帝和丛帝，这个祠堂，就是专为纪念他们而建的。那么，它和别的祠堂有何不同呢？

春秋时期，望帝杜宇在蜀国建立了第一个有文字记载的首都——杜鹃城，就是现在成都市郊区的郫县。他教人农耕，使古蜀国人民从山林游牧生活发展成为农耕生活，提高了生活质量。因此人们都把他视作农神，每年春耕的时候都要祭拜他。后来，岷江大发洪水，望帝治理不住，就派丞相鳖灵去治水。鳖灵治水很有一套，很快就把洪水治理好了，解救了百姓的厄难。望帝看他这么贤能，就把帝位禅让给了他，视为丛帝。水患平息之后，百姓们又能安居乐业了，蜀地也因此得以更好地发展，于是为了纪念这两位帝王，就给他们建了祠堂，以示人们不忘先王恩德。

望丛祠

望帝祠本来在都江堰灌县，丛帝祠在郫县，二帝的祠堂是不在一起的。但到了南北朝时期，南朝齐明帝把望帝祠从灌县迁到了郫县，跟丛帝祠合在了一处，称为"望丛祠"。因此它是唯一的一祠祭二主的祠堂，这也是它跟其他祠堂的区别之处。

杜甫草堂是杜甫为了避难才建的吗？

成都的杜甫草堂，是唐代诗人杜甫为躲避战乱而建的。"安史之乱"爆发后，杜甫携妻带小从长安入川，来到成都，在浣花溪的旁边，盖了一座小茅屋。他称之为"草堂"。那首千古流传的《茅屋为秋风所破歌》，所写的就是这座茅屋。

后来由于发生了一些变故，曾经帮助他的朋友去世了，不能再庇护他，杜甫的生活难以为继，只好离开了成都。这座草堂很快就被损坏了。到了五代时期，诗人韦庄前往浣花溪寻找草堂，见到只剩遗址，于是又重新修葺，这才初具规模。后来经宋元明清明几代多次重修，最终奠定了现在的格局。如今的成都杜甫草堂，是现存杜甫行迹中规模最大、保存最完整的一处。

杜甫草堂

"安得广厦千万间，大庇天下寒士俱欢颜。"风雨飘摇草堂中的杜甫，自顾不暇，还能为天下人着想，其高尚的人文情怀已超过诗的本身意义，更加令人敬佩。

工部祠的命名跟杜甫的官职有何关系？

杜甫（712年—770年），字子美，河南巩县人，自号少陵野老、杜少陵、杜工部等。中国古代伟大的现实主义诗人，号称"诗圣"。现存杜诗一千四百多首。

当年杜甫为了躲避"安史之乱"，携带家属从甘肃南部来到成都。在朋友的帮助下，在成都西郊的浣花溪边修建了一座茅屋，在这里居住了四年多的时间。如今，当年的那个茅屋已经不存在了，后经世人原址重修扩建而成现在著名的杜甫草堂，而工部祠，就是杜甫草堂中的一处景观。那您知道工部祠是如何被命名的吗？

杜甫的一生仕途不顺。天宝六年（747年）的时候，唐玄宗昭告天下"通一艺者"到长安应试，于是杜甫就进京赶考，但当时的权相李林甫整了一出"野无遗贤"的闹剧，所有参加考试的人都因此落榜。杜甫因为有着政治理想，不得不另辟门路，转走权贵之门，但过了十年后还是没有结果。后来，唐玄宗为了进行太清宫、天地以及太庙的祭祀大典而广纳礼赋，而杜甫的《大礼赋》得到了玄宗的赏识，从而得到一个做官的机会。但因为当时朝廷上小人当道,所以杜甫并没有得到施展抱负的机会,只做过一些没有什么用处的小官。在他做的这些官中,最大的官职就是"检校工部员外郎",所以就有了"杜工部"这个称号了,而工部祠也是因为这个官职而命名的。

浣花祠堂是为了纪念杜甫的夫人而修建的吗?

杜甫草堂自南大门走进之后,经过"草堂影壁"前行几十米,就可看见一处院落,门额上写着"浣花祠"。于是很多人就联想到,这是不是杜甫夫人的祠堂呢?

不,其实祠堂另有其主。

据《旧唐书》《新唐书》记载,说是有一位姓任的姑娘,在浣花溪边,替一个全身长满癞疮的和尚洗了一件脏兮兮的袈裟,于是溪水里就长出了一朵朵莲花。这位姑娘长大后,被当时镇守西川的节度使崔宁纳为小妾。大历三年(768年),崔宁奉旨入京,留下其弟崔宽守城。泸州刺史杨子琳乘机发动叛乱,率精兵数千趁着成都守备力量空虚,攻占了成都。崔宽力不能敌。千钧一发之际,任氏拿出家财十万,招募死士上千人,然后亲自披挂上阵,率领部队向杨子琳发起进攻。她的英勇举动吓住了叛军,再加上城里粮草匮乏,叛军弃城而逃。由于任氏保卫成都有功,因此被朝廷封为"冀国夫人"。虽然在两唐书里都没有关于任氏受封"冀国"的记载,但唐代诗人岑参的佚诗《冀国夫人歌词七首》,里面有记载其事。而且任氏受封时,岑参正在蜀中,所言应是可信的。

浣花祠堂

冀国夫人任氏以一介女流,羸弱之体,保卫了成都,因此受到人们的格外尊崇，于是为她立祠纪念。因为任氏从小在浣花溪畔长大，所以就把她的祠堂建在浣花溪边，与杜甫草堂和梵安寺（今草堂寺）相邻，其祠称"冀国夫人祠"。但因任氏生平事迹多与浣花溪有关，因此人们多称她为"浣花夫人"，称其祠为"浣花祠"，这样显得更亲切，也更具传奇色彩，而且自唐代开始，成都人就开始兴起了"浣花日"这一春天的游赏活动。所谓"浣花日"，即农历四月十九，传说中是任氏的生日，其实也是为了纪念任氏。

青羊宫举办花会的日期仅仅是因为老子的生日吗？

成都每一年都会在青羊宫举办花会，也称"花市"。这是一场关于花的盛会，成都遍植的海棠、梅花、玉兰、山茶、迎春等均享有盛名。每逢此时，城乡居民们都来赶集，卖花、赏花、赛花、交换品种和学习种植技术。游人如织，盛况空前，诗人陆游曾经描绘过这种场景：当年走马锦城西，曾为梅花醉似泥。二十里路香不断，青羊宫到浣花溪。

青羊宫

这场花会的日期是农历二月十五。这天又是道教始祖李老君的生日，所以自唐代以来，就在此举办庙会。又因为二月份正是成都风和日丽的好时节，天朗气清，百花盛开，所以又说二月十五是百花的节日，民间年年在此举办花会。

青羊宫八卦亭的石柱上为何会有"手印"？

青羊宫的三清殿与混元殿之间有一座八卦亭，它是青羊宫的一个代表建筑物。据说本是一座草亭，于同治、光绪年间修建成型。八卦亭建于重台之上，石基分为三层，依次为方形、八角形和圆形，跟道教所主导的天圆地方、阴阳相生、八卦相合的义理相契合。八卦亭通体都是木石结构，由内外16根石柱支撑，亭高20米，宽约17米，共两层，屋面覆盖黄、绿、紫三色琉璃瓦，屋顶装饰着琉璃葫芦宝鼎。其中8根外柱是浮雕镂空滚龙抱柱，是极为罕见的石雕珍品，鬼斧神工，气势非凡。在朝向三清殿的那根石柱的盘龙图案中，有一个拳头印，显得极为神秘，那么，这个拳头印是怎么来的呢？

话说在八卦亭的重建工程将要完工的时候，雕于亭子内正对着三清殿的右首石柱上的盘龙复活，想要离柱升天。恰好被道长发现，便以一记神拳将它钉在石柱上。从此，这条龙身上就留下了一个拳头的印记，至今还清晰可见。后来每次加修，工匠们都刻意保存着这个拳印，让八卦亭多了一些传奇的味道。

青羊宫三清殿上的大柱有何玄机？

青羊宫，位于成都西南郊，在它的附近有很多著名的建筑，如百花潭、武侯祠、杜甫草堂和二仙庵等。据说，在三国时期它曾被命名为"青羊观"，到了唐朝之后又被两度改名，宋朝的时候才被还原为"青羊宫"，而三清殿就是青羊宫的主要建筑之一了。那您知道青羊宫三清殿上的大柱有什么玄机吗？

三清殿，又被叫做无极殿，是在唐朝时被建造而成的，后来在清朝康熙年间又被重建。三清殿的地基是一个正方形，总共有一千六百平方米。有一些艺术木雕被雕刻在它的外檐柱上，做工非常细腻。还有一幅由原中国道教协会会长所写的对联，上面写道："福地卧青牛石室烟霞万古，洞天翔白鹤蓬壶岁月千秋。"在它的殿前两侧分别放置了一钟、一鼓，钟为"幽冥钟"，据说是明朝时期铸造的，重三吨左右。而鼓则是在初一、十五或者重要大典的时候用。

三清殿,顾名思义,就是供奉道教领袖三清的。在大殿的正中间端坐着三清的雕像,而在大殿的两侧就是三清的弟子们,即十二金仙,他们分别是赤精子、广成子、道行真人、玉鼎真人、慈航真人、普贤真人、太乙真人、惧留孙、黄龙真人、灵宝大法师、文殊广法天尊以及清虚道德真君。

在三清殿中还有一样建筑物特别醒目,就是殿内的大柱。因为这些大柱的缘故,三清宫显得特别宏伟。它们总共有三十六根,其中有八根木柱,二十八根石柱。据说,当初在建造它们的时候分别对应着天山的神仙,那八根木柱对应着的是道教的八大天王,而那二十八根石柱则是代表着天上的二十八星宿,也就是角、亢、氐、房、心、尾、箕、斗、牛、女、虚、危、室、壁、奎、娄、胃、昴、毕、觜、参、井、鬼、柳、星、张、翼、轸。这就是青羊宫三清殿石柱中包含的玄妙所在。

青羊宫里两只铜羊有什么来历?

青羊宫里有两只铜羊,位于主殿三清殿中,右侧的那只是道光九年(1829年)道教的信徒所赠,左边的是清代大学士张鹏翮所赠。

大学士所赠的那只独角铜羊十分奇特,它虽然是羊,却只有一只角,最奇怪的是,它拥有十二属相的特征,有羊胡、牛身、鸡眼、鼠耳、龙角、猴头、兔背、蛇尾、猪臀、狗肚、虎爪、马嘴。这只铜羊是张鹏翮从北京买的,然后在雍正元年(1723年)的时候,赠给了青羊宫。底座上铭刻了一首诗,是"京师市上得铜羊,移往成都古道场。出关尹喜似相识,寻到华阳乐未央。"落款为

青羊宫的铜羊

"信阳子题",信阳子是张鹏翮的号。因为这只铜羊似羊非羊,凡是非常之物,都有灵异之处,因此百姓们都传说起来,说摸青羊可求福祛灾,尤其是妇女摸青羊就会生男孩。民国时文人刘师亮在《成都青羊宫花市竹枝词》中云:"闻说铜羊独出奇,摸能治病祛巫医。求男更有新方法,热手摸它冷肚皮。"

成都的寺庙

宝光寺是因为唐僖宗而得名的吗?

宝光寺位于成都市北郊新都区,占地120余亩,建筑面积将近2万余平方米,规模宏大,文物丰盛,是我国著名的佛教寺院,与成都文殊院、镇江金山寺、扬州高旻寺并列为中国南方"四大禅林"。据说,它最早建于东汉年间,时称"大石寺",但目前还没有查到确凿的史料。

那么,它为什么叫宝光寺呢?

宝光寺

相传唐朝末年,黄巢起义军攻破了长安城,唐僖宗逃到西川,把大石寺作为一处临时行宫。寺中有座"福感塔",是一座木塔,当时已经损毁。一天晚上,唐僖宗在寺内散步,忽然看见福感塔的废墟中散发出一片紫色霞光,他赶快召来随行的悟达法师,问个究竟。悟达法师说,那是塔下面的舍利子在放光。舍利放光,是祥瑞之兆,黄巢已平,陛下很快就可以回京了。唐僖宗听了,赶紧命人挖开废墟,果然挖出一个石匣子,打开一看,里面有十三颗舍利子。于是大喜,下令重修大石寺,并更名为"宝光寺"。将原来的木塔重建为十三层石塔,把舍利子放在塔下,并称之为"舍利宝塔"。

但以上只是传说，因为据1996年在寺内出土的唐碑《施衣功德碑》可知，早在唐开元二十九年（741年），寺名就已经是宝光寺了，但这个寺并不是和唐僖宗没一点儿关系，因为黄巢作乱的时候，唐僖宗的确曾经在宝光寺居住，这有当时遗留的两个石柱作证。

宝光寺的山门殿供奉的为何不是佛？

通常，在一所寺庙的山门殿里，都塑两个佛教大力金刚，作为寺庙的护法，但在宝光寺里，却安排了两个文化人坐在那里，与神佛一起享受香火。这是为何呢？

原来，这一老一少两位文化人就是明朝鼎鼎大名的杨氏父子。因为宝光寺自宋元改朝换代以来，几经损伤，直到明朝中叶还没有恢复元气。于是明代正德年间，内阁首辅大学士杨廷和、状元杨升庵父子捐修宝光寺，新盖成的寺庙十分宏大壮丽。为了纪念杨廷和、杨升庵父子的功德，人们就在宝光寺的山门殿内，塑造了他们俩的像。左边是父亲杨廷和，头戴方巾，身着便服，神态安详，左手拿着功德簿，右手拿着一支毛笔，好像是正写完了善款的数目一般；右边是儿子杨升庵，头戴乌纱，身着朝服，面容慈祥，右手托着大元宝。杨升庵又名杨慎，是历史上有名的大才子，《三国演义》全书开头那首大名鼎鼎的《临江仙》就是他写的，所谓"滚滚长江东逝水，浪花淘尽英雄"是也。

有人说杨慎父子生前乐善好施，去世后就变成了佛教的护法菩萨，所以才会被供奉在宝光寺的山门殿里。

宝光寺北面的紫霞山真的是"长"出来的吗？

宝光寺建成后好景不长，明末天下大乱，虽由杨氏父子捐款修建但很快又毁于战乱之中。

到了清康熙九年（1670年），禅宗临济宗第三十五代祖师破山海明派弟子啸宗印密禅师筹款重修宝光寺。由于筹措不到足够的经费，直到乾隆初年，宝光寺的庙宇还是残破不堪。此时的方丈是恢彰禅师，他为此立下宏愿，一定要募到足以修复寺庙的善款，否则至死也不回四川。

恢彰禅师出川之后，一路来到北京。化缘过程很是艰难，很久才能化到一点点钱。因此他每积攒几两银子，就存到银号去。一天，恢彰禅师拿了一两二钱银子去银号存钱，在银号里遇见了一位富商。富商见和尚拿着这么少的钱都上银号，就问他："和尚是从哪座山来的？"因为常言道"天下名山僧占多"，所以一般都这样问。恢彰禅师心想我们宝光寺位于川西坝子的中心，哪有什么山啊？忽然，他想起了唐僖宗住宝光寺时木塔下面放出霞光的事，于是脱口而出："四川新都紫霞山。"富商又问他存这些钱干什么，禅师就一五一十地讲了缘由。富商听完说，那你还差多少两银子？禅师算了算说，还差三千两。富商说，今天我们在这相见，也算是缘分，这三千两我给你。你回成都府兑换，然后去修庙。恢彰感激不尽，起身向富商行了一个大礼，接受了银票。临别时，恢彰请富商以后来四川游历。富商应允道："好啊，我以后有时间一定到你们紫霞山去烧香拜佛。"

等恢彰回到成都府兑换银两时，才知道送他银票的"富商"，居然是微服出行的乾隆皇帝！没过多久，乾隆皇帝下江南的消息就传到了新都，恢彰禅师听了十分着急，心想，皇上来四川，一定会"到紫霞山烧香拜佛"，可是紫霞山是没有的啊，自己岂不是犯了欺君之罪？情急之下，他安排寺里的和尚白天睡觉，晚上挑土垒山，垒了一个多月，紫霞山就在宝光寺的北边"长"出来了。

文殊院真的出现过文殊菩萨神像吗？

文殊院是川西著名的佛教寺院，位于成都市区内。它的前身是唐代的妙圆塔院，宋代改称"信相寺"，后毁于战乱。传说到了清康熙年间，寺院的慈笃禅师圆寂火化时，空中出现了红色火光映成的文殊菩萨像，人们认为慈笃是文殊菩萨的化身，于是官绅军民于康熙三十六年（1697年）集资重建庙宇，改信相寺为文殊院。康熙帝御笔"空林"二字，钦赐

文殊院

"敕赐空林"御印一方。至今康熙帝墨迹仍保存在文殊院内。

嘉庆、道光年间，文殊院方丈本圆法师又采办了82根石柱，改建和扩建了主要殿堂，形成了现今的规模。

昭觉寺是唐宣宗亲赐的名字吗？

昭觉寺位于成都市成华区，紧挨着成都动物园。昭觉寺素有川西"第一禅林"之称，其前身是汉朝眉州司马董常的故宅，在唐贞观年间改为佛刹，名建元寺。唐宣宗时赐名"昭觉"。明末毁于战乱之中。

清代高僧破山和尚募款重建，并在寺外开荒种田，植树造林，筑堤引水，终于使寺庙发展成为川西第一禅林。风景秀丽，清幽无比。康熙皇帝曾经题诗称赞它"入门不见寺，十里听松风"。

十年动乱中，昭觉寺遭到严重破坏，佛像被毁，殿堂被拆，昔日辉煌消失殆尽。改革开放，拨乱反正之后，国务院确定昭觉寺为全国汉族地区重点佛教寺庙。从动乱中幸存的几十位僧人闻讯不禁热泪盈眶，表示将不惜风烛残年之躯，一定要把毁坏在这一代的祖庭，在这一代人手里重建起来。后来经过几次磋商，将原属于

昭觉寺

寺庙的土地从动物园那里划归过来,渐渐恢复了寺庙原来的模样。

昭觉寺树包碑传说

据说当年破山祖师复兴昭觉寺后,寺内弟子越来越多,规模渐渐扩大,寺庙香火旺盛。有一天,破山祖师对弟子们说,他要去云游四方了,并且特意嘱咐:如果殿内的庭柱离开了下面的石砧凳、香案上的延瓢飞了、殿外的两株黄果树包住了中间的石碑,他都还没有回来的话,就另选方丈来主持寺院日常事务,传承双桂禅法。说完就走了。三年后的一天,祖师殿内的一根木柱突然离开了石

树包碑

砧凳;又过了三年,大雄宝殿香案上的延瓢也不翼而飞;再过了三年,大雄宝殿外的两棵黄果树已长大并且包住了中间的石碑。但是,破山祖师还没有回来。于是众僧就重新推立了一个新的方丈,而只留下了关于破山祖师的传说和寺院里的遗迹。

后来的成都人就把"柱离凳"的殿称为"吊足楼"。殿内有十六根楠木柱,直径一尺五寸。其中殿内的四根柱子中,靠外近门左侧的一根的下端悬着,离鼓形的石砧凳约一尺高,是木结构古建筑的一项奇观。

石经寺以前是狩猎的山庄吗?

石经寺系川西五大佛教林之一,藏黄教法王宗喀巴大师由嫡传汉区第一个密宗道场就设在此。石经寺地处龙泉山泉中段东麓之天成山,在

成都市龙泉驿区茶店乡石经村境内。

石经寺最早不是寺庙，它是一座官员的狩猎山庄，始建于东汉末年。它由汉景帝第五子刘余的后裔益州牧刘焉所建，刘焉之子刘璋后来子承父业时将其扩建。蜀汉时期，蜀将赵云曾承袭该产，在此地镇守成都东大门龙泉山。蜀汉灭亡后，山庄被当地老百姓改建为庙，取名灵音寺。到了唐代，寺庙依山而建，新建了大殿，初具规模。明正统年间（1436年—1449年），湖北籍名僧楚山法师应蜀王之邀驻锡灵音寺，并出资修建了大殿内的佛像和雕饰，使大雄宝殿更显光辉，然后改名为天成寺。到了清朝，天成寺才改名为石经寺。

石经寺的由来真的与《金刚经》有关吗？

相传清朝初年，京城有个叫宋思仁的官员，被奸臣陷害，贬于简州任州牧。宋思仁到了简州之后，一气之下，卧床不起。有一天，他梦见黑白无常勾他下阴曹地府，心想自己也无意再活下去，就随二鬼走了。走到简州北门大桥时，被一个和尚拦住了去路。和尚问："你这样就死了，岂不可惜？"宋思仁答道："我因奸臣所害，上不能报效国家，下不能孝敬父母。不死安乎？"和尚听了，将手中拂尘一挥，宋思仁就飞到了半空中，他连声惊呼："救我！救我！"和尚笑了笑说："看来你还是不想死啊。"说完，就不见了。宋思仁一下子醒来，病逐渐好转，人也开始醒悟振奋起来，开始在治内做一些力所能及的事，但这又得罪了一些地方的恶霸之流。有一次在偏僻无人之处，他被一群恶人跟踪，正当恶人想要动手谋害他时，梦中那个和尚又

石经寺

来到他面前，一甩拂尘便将众恶徒打倒，再次救了宋思仁一命。宋思仁想要报答和尚的救命之恩，四处寻找，却始终不见和尚踪影。

后来有一天，他遍访简州寺庙，在天成寺看见了楚山菩萨，一下子就认出来正是救他的那个和尚。为了答谢和尚，他筹重金整修寺庙，还刻了一部石质《金刚经》送往寺庙，从此以后，这里便改称"石经寺"。

石经寺内的千年银杏树真的有一千年的历史吗？

石经寺还有一大特色，人们到此观光的时候一眼就会被它们吸引，特别的醒目，那就是位于大雄宝殿北侧的两株千年银杏树了。那这两株银杏树真的有一千年的历史吗？

千年银杏树

相传，在贞观初年（627年），长安有一个禅宗弟子，号永贞法师。有一天，他拜别师傅，骑着一匹白马，手里拿着一根禅杖，想要去寻找一个幽静的地方修行。他翻山越岭最后进入了蜀地，有一天来到了龙泉山的灵音寺（唐朝时石经寺的称谓）。到了之后，他发现这里好山好景，而且寺庙也错落有致，于是就把白马栓到寺庙前的一棵树下，然后就在树下休息。可能是因为太累了，一会他就进入了梦乡。在梦里，他进入了寺庙之中，看见一株银杏树。在银杏树的旁边有一个池塘，银杏树就倒影在池塘的水面上，而他的马鞭子竟然就挂在银杏树的树枝上。这件事情让他非常吃惊，但是转念一想，他就明白了，原来这是佛祖要他就在这里止步，把灵音寺作为他的修行之地。永贞法师从梦中醒来之后，就牵着白马，握着禅杖进入寺庙之中修行。为了感谢佛祖,在修行的过程中,他在寺庙的四周种植了很多银杏树,在他的精心栽培下,这些银杏树逐渐成为了寺庙的一大景观,而现在石经寺中的两株银杏树就是在当时种植的银杏树中存活下来的。

因为当时种植的时间是在贞观年间,即公元627—649年,距今已经有一千三百多年。所以,石经寺内的千年银杏树真的有一千年的历史了。

石经寺乌木观音传说是怎么一回事?

石经寺里还有一座观音庙,从石经寺的山门拾阶而上,到达最高处就可以看到了。观音庙中供奉着一尊乌木观音,据说它是中国甚至整个东南亚地区最大的一尊。这尊乌木观音庄严而宏伟,几乎占据了整个墙壁。往近处看,可以发现它的雕工非常细腻,行云流水。1008只手各有微妙之处,而观音菩萨的宝相透露出庄严以及祥瑞。那您知道这尊乌木观音的传说是怎么一回事吗?

据说,在2005年的一天,雨过天晴之后,邛崃山的山顶出现了一道佛光。经过了一夜河水冲刷的河床边上,人们发现了祥瑞的乌木,经过人们的挖、刨之后,一共出土了四根乌木。这几根乌木在佛光的照耀下,油光发亮,天空中竟然还出现了观音菩萨像,让人感觉极其不可思议。后来,经过有关部门的鉴定之后,证明这些乌木有着7100多年的历史,在乌木中也是属于上品的了。这件事情被石经寺的住持知道之后,经过协商,把这四根乌木买了回来。而后,请了20多个技术精湛的工匠,花费两年多的时间,终于雕成了这尊乌木千手观音像,然后就成了石经寺的镇寺之宝。

这就是有关这尊乌木观音的传说了,虽然它的成品时间并不是很长,但是有关乌木出土时的"神奇"之事,就已经很值得人们津津乐道了。

大慈寺真是唐僧出家的地方吗？

大慈寺位于成都市中心，属于四川省文物保护单位。据宋代普济《五灯会元》所载印度僧人宝掌"魏、晋间东游此土，入蜀礼普贤，留大慈"推算，大慈寺当建于公元3世纪至4世纪之间，距今已有1600多年。大慈寺历经战火，几次兴废，现存寺庙是清代顺治年代后陆续重建的。

大慈寺

唐武德元年（618年），三藏法师玄奘从长安来到成都，随宝暹、道基、志振等法师学习佛教经论。武德五年（622年）春，玄奘在成都大慈寺律院受戒。在成都四五年间，玄奘究通诸部，常在大慈、空慧等寺讲经，为蜀人所景仰。唐天宝十五年（756年），安禄山攻陷长安，唐玄宗逃往蜀地避难。玄宗见大慈寺僧人英干在成都街头施粥，救济百姓，并为国家祈福。他万分感动，于是就为英干敕书"大圣慈寺"匾额，赐田一千亩。天宝十六年（757年），无相禅师扩建大圣慈寺，寺庙房间多达九十六院八千五百四十二间。贞元十七年（801年），韦皋镇蜀，扩修大慈寺普贤阁，又凿解玉溪，使溪水流经寺前，让大慈寺环境更趋完美，成为唐代闻名遐迩的讲经胜地。

唐武宗"灭佛"时为何大慈寺幸免于难？

唐代后期，由于佛教规模太大，僧侣众多，寺产过分扩张，跟地方地主势力形成了对抗局面，再加上和尚不纳税，不服役，严重影响了朝廷的财政收入。公元841年，新皇上就发出了喜道不喜僧的信号。到了会昌二年（842年），朝廷开始没收寺产，会昌三年，唐武宗下"杀沙门令"，长安城打死和尚三百余人；会昌四年，拆尽大小寺院，勒令僧尼还俗；会昌五年，下令除长安洛阳可留两寺以外，天下每节度仅留一寺……会昌一朝，佛教可谓遭遇了一场浩劫，几乎覆灭。

所幸的是当时大慈寺因有唐玄宗题额，故"不在除毁之例"，成为当时成都唯一保存下来的佛寺，为后人参观朝拜。

慈云寺是一位外国和尚修建的吗？

慈云寺最早叫天宫寺，是东汉末年一位外国高僧所建。据说这位僧人是安息国（今伊朗）的太子，经过轮回转世成为安世高法师，来到了中国传教。在佛教向东传播的过程中，安世高法师是中国佛教史上最著名的海外高僧之一，与达摩祖师并列。此人非常聪慧，通晓64种音梵文字，为佛法的传递作出了不可磨灭的贡献。

汉末桓帝年间，安世高法师一路东行，来到了成都云顶山，结庵修行，翻译佛经，给人讲法。由于名气很大，到了章武元年（221年），蜀汉的昭烈皇帝刘备将其子刘禅送到云顶山学习佛法、音乐和文学，并敕命修建寺庙，这才有了天宫寺，也就是今天的慈云寺。

慈云寺

慈云寺名称在后代几经更改。魏文帝时期，邵硕长老重建山寺，改名为清修寺。唐高祖初年，改名为古天宫寺。唐玄宗幸蜀，赐王头陀姓李，改名云顶山慈云寺，寺庙僧侣多达3000人，乃唐代十大寺庙之一。宋高宗时敕赐寺为祥符禅院。元世祖赐蜀僧元一主讲祥符院，改名护国朝天寺。明改慈云禅院，明末清初毁于兵燹。清康熙七年（1668年）

由僧竺意重修。乾隆年间又经祥芳增修。嘉庆年间改建山门,光绪十二年(1668年)新建罗汉堂,规模达到十殿、四楼、三堂、二园一坊及四房。

改革开放后,宗教政策得到落实,云顶山也因此恢复为佛家净地,经过全寺僧众的努力,慈云寺的香火渐渐旺盛起来。

三国名将严颜真的隐居在石象寺里吗?

石象寺位于川西平原边缘石象湖境内。石象湖中有山,名曰石象山。相传三国时,巴郡太守严颜,乃蜀中名将,虽满头白发却英勇不减壮年,有万夫不当之勇,后来刘备入川时,严颜被张飞设计生擒,投降了刘备。后来跟着蜀相诸葛亮南征,回来后弃官隐居在此山中,令工匠按照他在征战云南时常见的狮、象之形雕凿石狮、石象以壮大观。后来一天,骑着白象飞升了。后人为纪念他,就在山巅建寺,取名石象寺。

山门石坊上有联云:"龙争虎斗随蜀相;山清水秀隐严颜。"严颜殿前又有二联,一云:"审时度势壮烈将军襄汉鼎;尊贤重才亘古英雄秉丹心。"一云:"心境上无波涛随处皆山青水绿;情天中有化育逐地见鱼跃鸢飞。"这三幅楹联基本概括了严老将军的生平。

皇城清真寺到底是何时修建的?

皇城清真寺位于成都市中心,是中国西南地区著名的清真寺,简称皇城寺。该寺因临近当地历史上的一个王朝的皇宫遗址而得名。最初创建于公元16世纪,后来几近败落,1858年进行过一次规模不小的

皇城清真寺

维修。1917年该寺又遭到战争的严重破坏，虽然不久以后又再次重修，但由于财力有限，其规模已经远不如前。从原来的占地面积6600多平方米，缩小到5000多平方米。但尽管如此，该寺仍然是四川省内面积最大、规模最大的清真寺。

皇城寺现存建筑有照壁、大门、二门、横廊、沐浴室、藏经楼、礼拜殿等。大门上方悬挂着"皇城清真寺"牌匾，照壁在大门的对面，门外有栅栏；二门上悬挂着"开天古教"牌匾，是清朝时期的产物；藏经楼保存着不少阿拉伯文和汉文的伊斯兰教经书刻板；只有礼拜殿是最近重建的，但外观看上去很古朴，仿佛是历史的遗物。

二王庙是为了纪念哪两位王？

二王庙

二王庙在都江堰西门外的玉门山麓，本为东汉时所建的望帝祠，南北朝齐明帝时，益州刺史刘季连将望帝祠迁往了郫县，而在原址上将原望帝祠加以改建，更名为崇德庙，是为纪念都江堰的开凿者、秦蜀郡太守李冰及其子二郎。宋代以后，李冰父子相继被敕封为王，因此又改称为二王庙。二王庙前临江，后依岭，南望青城，西连岷山，风光秀丽，美不胜收，故有"玉垒仙都"的美誉。

庙门前壁上有清代末年绘制的《都江堰灌溉区域图》，庙内观澜亭下的一排石壁上，镌刻着两则治水《三字经》。一则为清同治十三年（1874年）灌县知县胡圻依据历代都江堰治水经验编成的《三字经》，文曰："六字传，千秋鉴。挖河心，堆堤岸。分四六，平潦旱。水画符，铁桩见。笼编密，石装健。砌角嘴，安羊圈。立湃阙，留漏罐。遵旧制，复古埝。"另一则是清光绪三十二年（1906年），成都府知文焕对原《三字经》作了修改，又重刻于二王庙石壁上。内容是："深掏滩，低作堰。六字旨，千秋鉴。挖河沙，堆堤岸。砌鱼嘴，安羊圈。立湃阙，凿漏罐。笼编密，石装健。分四六，平潦旱。水画符，铁桩见。岁勤修，预防患。遵旧制，勿擅变。"还有后人总结的治水《八字经》："乘势利导，因时制宜""具湾截角，逢正抽心"等治水真谛，直到科技发达的今天，依然还在采用。

二王庙的名字也多有变迁。从开始的"崇德庙"起，先后有"江渎庙""李公庙""王庙""秦太守李公祠""真常道院""川主庙""显英王庙""二王宫"之称，清乾隆时之《灌县志》中称"二郎庙"，后遂称之曰"二王庙"。唐、宋、元、明、清、民国年间均有修葺。

子龙庙里供奉的真的是赵云吗？

子龙庙，位于成都市大邑县城东银屏山下赵云墓前。在历史上，子龙庙几经兴废，清康熙四年（1665年）知县李德跃重建子龙庙。乾隆、嘉庆间进行过三次大的修葺，道光、咸丰年间又加以维修和扩建，成为拥有三重大殿的祠宇。

因为赵云是汉大将军，所以子龙庙又称将军庙。每逢元宵节、清明节和中秋节，来将军庙祭祀和游玩的游客络绎不绝。庙宇雄伟壮丽，正殿塑着赵子龙像，后面是大如山丘的赵子龙墓。墓前有一座砖木结构的四合院，庭前墓碑高七

赵子龙雕塑

尺、宽三尺，上刻"汉顺平侯赵云墓"，两旁为石刻填金楹联："一身赤胆卫蜀国，满腔忠魂保江山。"旁有清代康熙十年大邑县令李德辉镌刻的《汉顺平侯墓碑记》："汉镇东将军墓者，汉顺平侯镇东将军赵侯，讳云，字子龙，以寿终。其君臣僚佐瘗其遗骸于兹山。""当兵火未经以前，青山对峙，有望军楼。相传为将军镇此阅兵处。"

赵子龙是《三国演义》中所描述的蜀中名将，戎马一生，很少打败仗。生前雄武，死后他的庙也很有神威，因此深受当地人的敬奉。

泰安寺是何时所建？

泰安寺坐落在青城后山泰安古镇桐里山山脚下，是青城山现存佛教寺庙中历史最悠久的寺庙。据资料记载，寺庙"唐代初建，逮明复振；楼殿壮丽，甲于青城。"自唐宋以来，就是佛门圣地，一直是佛门弟子所向往的讲习修炼场所。

泰安寺经过历代的修葺和扩建，现在一共有大雄宝殿、三圣殿、天王殿、大悲殿以及僧舍斋房。大雄宝殿是泰安寺的主殿，也是最大的殿堂，始建于辽，金代重修。殿内佛坛正中有五尊泥塑的金身如来，端坐在莲台上，人称五方佛。周围有弟子菩萨等恭候。大殿东侧为文殊阁遗址，西侧为金贞元二年（1154年）所建普贤阁。普贤阁，面阔三间，进深三间，是一座三间见方重檐九脊的辽式楼阁。普贤阁的阁南有一座琉璃五龙壁，富丽堂皇。旁边有一尊铁牛，四肢健壮，神形具备，原本为镇压河妖、消除水患而放在御河边的，后来移到了寺内。普贤阁和文殊阁是东西对称的楼阁建筑，又称东楼、西楼。三圣殿是泰安寺的中殿，殿内中央三尊像为"华严三圣"。山门是寺内正门，内有四尊天王像。三圣殿建于金天会六年，建筑风格非常奇特。殿内只用4根主柱和4根辅柱支撑梁架，顶部采用"彻上露明造"的做法，加大了空间，便于做佛事活动，是典型的"减柱法"。山门是天王殿，形制美观，是现存的金代山门巨制。

泰安寺整个建筑的布局故意将内外空间模糊化，讲究室内空间的相互转化。其中所蕴含的道理跟中国道家天人合一、阴阳转化的宇宙观有着很深刻的联系。它是我国建筑艺术和宗教艺术的一座宝库。

龙藏寺的建筑风格有何奇特之处？

龙藏寺原名慈安寺，位于成都市新都区，始建于唐贞观三年（630年）。宋大中祥符年间扩大为寺，更名为龙藏寺，元末毁于战乱，明洪武初年和清康熙初年先后再建。经过清初高僧大朗和晚清诗僧雪堂的主持，文人云集，出现了很多的诗人、书法家，于是就建了龙藏寺碑林和大朗和尚筑堰治水功德碑。

龙藏寺的建筑风格非常奇特，跟其他寺庙的宗教风格大不相同。它采取的是"一半子孙庙，一半丛林"的模式，里面珍藏着9幅精美的明代壁画，荟萃了苏轼、黄庭

龙藏寺

坚、文征明、王守仁、董其昌、石涛、刘墉、梁同书、王文治、何绍基等古今著名书法家的200余座碑林。其中，大殿里的8部气势恢弘壁画更属艺术精品，被称作"天龙八部"。不过如今这里80%的碑刻都被移至新都升庵桂湖，改称桂湖碑林。

龙藏寺自大朗和尚主持之后，一直是师徒代代相传，偶尔也接受云游僧挂单。寺内斋堂前挂的木鱼，不像子孙庙里的鱼尾那样向着山门，也不像丛林鱼头向着山门，而是鱼头向着斋堂外，与大殿平行横挂。普遍游人不知道这样设置有何妙意。

唐僖宗逃难时真的来过应天寺？

应天寺位于成都市胜利镇境内的牧马山麓。该寺依山而建，气势雄伟，占地四十余亩。应天寺历史悠久，始建于五代梁天监年间，后来经过历代的修葺扩建，规模逐渐扩大。

据当地县志记载："清初重修殿寺重，方丈斋厨，绕曲幽邃，云峦竹树，胜甲一方。"并称"县中此刹最古，唐僖宗赐名"。相传唐僖宗为避黄巢之乱，逃到四川，在途中曾下驾于此，随后就赐名应天寺。应天寺一经皇帝赐名，后来的历朝历代都没有变换过，以前的名字也没人记得了。《十国春秋》《宣和画谱》和《书继》等古籍，以及张公所著《中国佛教文化辞典》中，对应天寺的诗、书、画都有记述或条目，《全唐诗》和旧《双流县志》《华阳县志》都收录了五代时前蜀翰林学士欧阳炯七言古风《题应天寺天王壁画歌》。

今天的应天寺虽然规模没有文殊院和昭觉寺那么大，香火也没有那么旺盛，但也有忠实的信众定期来此烧香朝拜。据说这里的僧人居士非常朴实，来过的人无不给予好评。

三学寺是谁修建的？

三学寺位于成都市金堂县城东6公里处的三学山上，相传为"蜀中八仙"之一的李八百三次学道之地。隋唐时期，山上曾建有延祥、广济、鸿教三寺，后改名为法海、普济、广济寺，加上开照寺总称三学寺。

三学寺的名字得来还有一个传说。据说当年蜀中有三个读书人进京赶考，当时的京城是今西安，他们路过金堂县，在一个小庙里歇息。这个小庙很简陋，庙里只有一个孤零零的老和尚。三人见老和尚没有徒弟，就问和尚为何不收徒弟。老和尚说，他有三个徒弟，只是因为寺庙太破，没办法供奉佛祖，所以三个徒弟都出去化缘了，准备花十年时间，化到足够的银钱回来修建寺庙。三人听说和尚的徒弟如此坚毅，想必老和尚也肯定有道行，就向和尚求签，看能否科场高中。并且发下誓愿，如果高中，就一定会回来修建寺庙。和尚看了签，什么都没说，就伸了一根手指头。三人满腹狐疑地走了，边走边揣摩和尚的意思。结果当年三人都高中了，并且是前三甲。为了还愿，三人就回来在山上分别造了上寺、中寺和下寺。由于还剩下一些钱，就合到一起造了前庵开照寺。后人便将这些寺统称为三学寺。

三学禅院

天国寺是因为汉明帝的一场梦而建造的吗？

天国寺又称天官庙，位于四川省崇州市三郎镇，地处青城后山，九龙沟畔，风景优美，被誉为"九龙圣地"。它是佛教在中国的发祥地之一，四川省有名的佛教圣地。关于该寺的来历，有一段很传奇的故事。

相传汉明帝曾在梦中遇到身高一丈八尺的金人，第二天上朝时，他说给朝臣，让群臣解梦。当时佛教的思想已经传入中国，因此大臣们一致认为他梦到了佛。于是汉明帝就派人到天竺国求取佛法真经。佛经取来后，选中今崇州市三郎镇境内的胜志村建设寺院，因为当时的中国是"天朝上国"，所以就给寺取名"天国寺"，这就是其名字的由来。

到了唐朝初年，宰相张令问辞官归隐，游览到了"天国寺"，看中了当地的山水，于是决定在寺内修行，号曰"天国山人"。因为他还信奉道教，所以人们都称他为"张真人"。又因为他曾被授过天官，所以

"天国寺"又改成为"天官寺"。宰相出家,给寺院带来了繁荣,人们都涌到天官寺,想看看出家的宰相是什么样。天官寺就此闻名遐迩。

明朝末年,张献忠入蜀,战火也烧到了蜀中。天官寺未能幸免,在战乱中被毁。清康熙六年(1667年),人们又捐款重建。天官寺才得以劫后生辉。天官寺的兴衰,几乎成了当时国家兴亡的晴雨表。

白岩寺真的是佛陀修行示迹所到之处吗?

白岩寺位于成都市大邑县金星乡,因为它处于一块巨大的白色沉积岩下,所以被命名为白岩寺。据说,白岩寺始建于东汉永平十六年,是由印度高僧迦叶摩腾和竺法兰两位尊者所创建,它是汉朝唯一一座藏传佛教寺院。

白岩寺

人们到了这里之后,可以看到高耸入云的白岩险峰。"峰如其名",那陡峭的山峰果真是白色的,就好似座椅的靠背。两边的山梁就像是座椅的扶手,而白岩寺就坐落在这张神奇的座椅之中。那么,白岩寺真的是佛陀修行示迹所到之处吗?

相传释迦牟尼在圆寂的时候,跟他的弟子婆伽说:"我入灭后,尔等往震旦雾中光明山,山脉发源于昆仑,有七十二峰,为我授继之处,应严密护持,嗣后有圣者来居。"这里边所说的雾中光明山就是指现在大邑县境内的雾中山主峰、支派以及相关的峨嵯二峰,正是白岩寺地处的位置。而且根据在印度发现的《伏藏经》中的记载:"峨嵯二峰居七十二峰之尾,宛如惊龙,首尾相顾,峨嵯峰峦浑厚,气势祥和圆满,为佛陀修行示迹所到之处。"这件事情经过藏传佛教各派中的很多大德们重复验证,在雾中山峨嵯二峰下的白岩寺正是佛陀修行示迹所到之处。

白岩寺中有一株可以追溯到夏商时代的银杏树吗?

在白岩寺中,有很多银杏树,到了秋季的时候,人们可以看到金色的树叶飞舞,很是好看。那么,白岩寺中的银杏树真的可以追溯到夏商时代吗?

在明朝时期,白岩寺中的和尚曾经种植了数千株银杏树,可惜到现在只存活下来十多株,而现在白岩寺中大多数的银杏树是近期栽种的。除去最近种植的银杏树,那些有着悠久历史的银

白岩寺的千年银杏

杏树之中有着九株同根的银杏树,它位于白岩寺大雄宝殿的围墙外侧,根据相关部门鉴定,这株银杏树的年代可以追溯到夏商时代。而这九棵银杏树高都长到了八米以上,在十几年前,还曾被电视节目称为绝代佳木、活化石,它是世界上现存的稀少树种。

龙潭寺的由来与刘禅有关吗?

龙潭寺位于成都市东北角,与三环相连,在通往新都、金堂等周边地区的必经之路上。在它的附近有客家古镇、北湖生态公园、熊猫体育公园以及熊猫繁育基地。龙潭寺是"东山五场"之首,东山客家人大多都聚居于此,在这里的人们中百分之九十都是客家人,他们说着与四川方言有所差异的客家话。

那么,龙潭寺的由来真的跟刘禅有关吗?

相传在三国时期,蜀汉皇帝刘备的儿子刘禅路过一处水池,因为当时是夏天,天气极其炎热,所以他便到这个水池里边进行沐浴。刘备死后,刘禅称帝,人们就根据这个典故将这个水池称为"龙潭",而位于这个水池右侧的寺庙也因此被命名为"龙潭寺"。

飞仙阁与佛教有何历史渊源?

飞仙阁,位于成都市浦江县朝阳湖镇,是雕刻摩崖佛像的一座石窟。佛教自从传入中国后,很快就与中国本土文化相融合,得到了上自帝王将相下至贩夫走卒的信奉。唐朝的武则天,就是一个虔诚的佛教徒。永昌六年,武则天敕命造飞仙阁92龛777尊摩崖佛雕。后经历史变迁,风雨洗刷,仅存87龛佛像。其中唐代68龛、五代时期1龛、宋代7龛、明代1龛、清代10龛。

飞仙阁

佛教沿丝绸之路传入中国,一路上留下了很多石窟。像众所周知的新疆克孜尔石窟、敦煌莫高窟、云冈石窟、龙门石窟等。这些石窟是我国佛教鼎盛时期的见证,也是雕刻艺术家们的智慧结晶。但"安史之乱"将中原的大型石窟破坏,此后,中原就没有再大规模地建造过石窟。由于四川地势特殊,易守难攻,且是天府之国,物产丰富,是当时的一片乐土,因此成了战后的经济中心,而石窟艺术也随着经济中心的迁移转到了四川,四川接下了大型石窟艺术的接力棒。

四川的摩崖造像大多是在唐宋时期完成的,之后就很少了。飞仙阁的佛像依山而凿,山体是酸性红砂石,极易风化,虽然容易雕刻,但也容易剥落,不利于保存。因而匠心独运的雕刻大师们,就先挖出一个穹顶,为里面的佛像遮风挡雨,起到了一个保护作用。再加上山崖上众多黄桷树和藤蔓植物，牢牢地抓住了岩石，因而佛像虽历千年而不变原貌。

在飞仙阁众多佛龛中，最值得书写的是第60号龛。里面共有10尊造像。主像是毗卢佛菩提像。他头戴宝冠，袒露着右肩，左臂戴着宝钏。左右立着两位弟子和两位菩萨。里面有当时的题刻：永昌六年五月，为天皇天后敬造瑞像一龛。这里的天皇是指唐高宗，天后是指武则天。据史料记载，这尊佛像是四川省年代最早的菩提像，是唐朝特意派人到天竺国临摹的。而且由于武则天崇奉佛教，有的和尚就声称武则天乃是弥勒佛下凡，因此当时最盛行建造的就是弥勒佛的佛像。

成都的陵墓

永陵是哪个皇帝的墓？

永陵位于成都市区抚琴东路，是五代十国时期前蜀国的开国皇帝王建的陵墓。

在我国悠久的历史长河中，经历过很多动荡的时代，五代十国就是其一。当时天下大乱，短短几十年，神州大地上一共涌现过不下十个小诸侯国。前蜀国开国皇帝王建（847年—918年），本是河南舞阳一农民，勇武过人，兼有谋略，经过十数年经营，一举攻占四川，建立了前蜀政权。据史籍记载，王建自封蜀王之后，知人善任，生活简朴，勤政爱民。蜀国在他的治理下，国力发展迅速，百姓安居乐业，经济实力雄厚，当时作为蜀国都城的成都，一度成为最繁华的都会。他治理朝政所用典章制度皆沿袭唐朝，并任用大批唐朝旧臣等，使前蜀国成为当时社会最稳定的天下富国和强国。可惜在他死后，他的儿子骄奢淫逸，很快将他打下的江山基业葬送。

永陵

永陵在成都三洞桥附近，现在已是成都这座历史名城的一处重要文化遗产，具有极高的历史研究价值。它不仅是迄今为止发掘的历史年代最早的古代帝王陵墓，同时还是目前所知唯一的墓室建筑在地面之上的帝王陵墓，其规模之宏大，保存之完整，堪称中国古代建筑史上的一大奇迹。

永陵所在处是司马相如的抚琴台吗？

永陵是前蜀皇帝王建的陵墓。司马相如，成都人，是西汉文学家。因为一篇《子虚赋》而被皇上赏识，封为中郎将。他是个大才子，发迹之前赴县令家做客，以一曲琴挑动了县令女儿卓文君与他私奔。司马相如与卓文君的爱情故事在民间广为流传。这样一位才子，闲时抚抚琴是很正常的，有个抚琴台也不意外，但跟永陵又有什么关系呢？

原来，相如琴台作为成都的名胜，始于六朝，当时人为附风雅，漫指相如宅附近的一个高台为琴台。自从唐代诗人杜甫等人题咏后，琴台更是声名远播，成为文人骚客凭吊的胜地。历经宋、元、明、清四朝，琴台的传说经久不衰，成都西郊五里铺的琴台遗址从明代一直传到清代中叶。直到清代中期，琴台都还跟永陵毫无关系。

清朝中叶以后，五里铺的琴台旧址逐渐湮没无闻，而早在南宋陆游入蜀时就已经破败的永陵，经历了几次战乱之后，更加荒芜，只剩下一个小土丘了。于是人们就把司马相如的抚琴台附会到这个高台上。本来，司马相如的抚琴台就没有确凿的位置，因此人们也就无心查考，以讹传讹了。

20世纪60年代，永陵西侧的农田中出土了一通石碑，上载"清故候选县丞朱君墓志铭"，铭文上记载说："光绪十六年五月望日遘疾，遂卒，春秋五十有三。君妻沈孺人，无子。以兄子光烈兼祧为后。十九年四月二十六日，光烈葬君于成都之西司马相如琴台之侧。"可见到光绪年间，永陵就已被附会为司马相如的琴台了。

永陵是否被盗过？

永陵在1942年发掘之前，一度籍籍无名，以致人们都找不到它的具体位置。但据前人诗词里所写，在南宋时期，还能找到陵墓的所在地。南宋著名诗人陆游在诗里写道："穿残已叹金凫尽，缺落空余石马双。攫饭饥乌占寺鼓，避人飞鼠上经幢。"在这首诗的小序中，陆游还提到："永庆院在大西门外，不及一里，盖王建墓也，有二石幢，尤当时物。"说明在南宋时期王建陵仍具有相当规模，人们都还知道具体的位置。但是陵墓已经开始出现破落的迹象，墓前的石马石人缺损严重。随着南宋灭亡，元的血腥屠戮，残存的人们已经不记得永陵的具体位置了。一千多年来，成都西郊三洞桥边一个直径80余米、高约15米的圆形乱土堆下，谁也不知道这里面竟然是个皇帝的陵墓。

直到1940年日军轰炸成都，天成铁路局在土堆上挖防空洞时，才意外地发现了墙体。经过考古学家冯汉骥先生的考察，并在其后经过考古发掘，根据出土的文物，才确定它是前蜀皇帝王建的墓，从他的谥册上看叫永陵。

永陵王建墓

永陵在初建时是有宏大地面建筑的，陵园神道两旁置石幢、石人、石马等，但早已荡然无存。据宋人记载，当年陵墓的陵佛宫内壁画有百面之多。但宋代大中祥符年间，益州知州凌策奏请拆迁陵园及陵庙建筑用来修建道观玉局观，永陵便就此颓败下去，直至无闻。今地面建筑仅存石文吏俑一躯。但墓室完好，且一直被说成是司马相如的抚琴台，想必并没有被盗墓贼光顾过。

什方堂邛窑遗址有何历史意义？

什方堂窑址最早发现于1935年，由于当时战乱，遗址曾遭受到严重的破坏。幸好当时的一些中外学者，如华西协和大学古物博物馆长美国人葛维汉、英国学者贝德福和学者杨枝高、高毓灵以及华西协和大学教授郑德坤等，对邛窑进行了调研，使之在学术界产生了重要的影响，什方堂邛窑遗址才被重视起来。

邛窑自南朝至两宋，共经历了八百多年，是目前已知的四川古陶瓷窑址中，烧造时间最长、产品最丰富、造型纹饰最美的名窑。在南朝就广泛使用化妆土美化陶瓷；在隋代就创造了釉下彩绘并在唐朝及五代时期发扬光大。什方堂窑器物繁多，样式多种多样，涉及生活的方方面面。有生活用具、文房用具乃至玩具等。以青瓷为大宗，除青瓷外，还有褐、黄、绿、白、蓝、黑等呈现深浅不一的釉色约三十余种。在所有釉色瓷器中，乳浊釉是它们共同的特点。器物装饰有釉下彩绘、印花、刻贴花、堆贴花4种技法。其中釉下彩绘最具特色。它是在一次高温（烧成温度约为1200度）下烧成的釉下三彩。是在米黄或灰色的釉下，用绿、黄、褐三种颜色绘成带写意的国画或其他图案，属于高温唐三彩。它同北方低温唐三彩（烧成温度约为950度）有着很大的区别，而跟湖南长沙的唐三彩特征相同。

什方堂是典型的邛窑唐代遗址，它以具有盛唐时代特征的，精美的邛窑三彩、乳浊釉和风格清新的瓷器印花艺术，在中国古代陶瓷发展史上占有重要位置。它是我国彩绘瓷的先驱，为后来宋代瓷器彩绘——宋三彩奠定了良好的基础，对后世的瓷器发展有着极其深远的影响。

平原史前遗址群都有哪些遗址？

成都的平原史前古城址群，是指分布于成都市的新津宝墩遗址、温江鱼凫村遗址、郫县古城遗址、都江堰芒城、崇州双河以及紫竹等一共6处古城，面积在11万~60万平方米不等。

其中郫县古城城址中部发现被若干中小遗址环绕的面积达550平方米的大型房址，其内筑有5个长方形卵石台。考古认定其古城群属宝墩文化，跟三星堆文明属于同一时期，是迄今我国西南地区发现的规模最大、分布最密集、年代最久远的史前城址群，该遗址群的发现对于研究成都平原在新石器时代的社会结构以及宗教信仰，具有极为重要的考古价值和学术意义。

平原史前城址双河遗址

三星堆遗址真的是被偶然发现的吗？

三星堆遗址位于四川省广汉市西北的鸭子河南岸，分布面积12平方公里，距今已有5000至3000年历史。它的发现，完全是一个偶然。

1929年，当地农民燕道诚在掏沟时，发现了一坑玉石器。这个消息在当地慢慢传播开来。1931年春，在广汉县传教的英国传教士董笃宜听到这个消息之后，找到当地驻军帮忙宣传保护和调查，还将收集到的玉石器交美国人开办的华西大学博物馆保管。1934年春天，根据董笃宜提供的线索，华西大学博物馆馆长葛维汉和助理林名钧组成考古队，由广汉县县长罗雨仓主持，在燕氏发现玉石器的附近进行了为期十天的发掘。根据挖掘出来的物品整理成材料，葛维汉写出《汉州发掘简

三星堆遗址

报》。可惜因为战乱，三星堆遗址自1934年首次发掘以后，就停止了发掘工作。到了50年代，考古工作才逐渐恢复。

据说三星堆遗址出土的铜人不是中国人？

在三星堆遗址的挖掘工作中，出土了大量青铜器，有尊、盘、戈，还有大小人头像、立人像、爬龙柱形器和铜鸟、铜鹿等。其中，出土的青铜人像群尤为引人瞩目，因为它是同时期中原文化所没有的。简而言之，就是它不像是中国人。

三星堆铜人

在所出土的青铜人头像、青铜八面具、兽面具、青铜大小人像中，没有一件归属于中原青铜器的任何一类。特别是青铜人头像，形象极为夸张，阔嘴大耳，耳朵上还有穿孔，一点都不像是中国人，而且所有的青铜器上均没有留下任何铭文，让人不可思议。这批青铜像，主要是用于宗庙的祭祀活动。蜀人把想象出来的鬼神铸成青铜像或兽面具，陈列在宗庙里面，祈求着神灵的保佑。这些铜像的浇筑过程普遍采用的是商代中晚期中原地区流行的"分铸法"，翻模制造。且人面表情夸张，艺术性很强。其中40个青铜雕像里面，有6个还戴着金面罩，这在中国迄今出土的所有青铜物件中，属于首次发现。它是为了显示头像的尊崇，还是代表着某种巫术，我们不得而知，但3300多年前埃及鼎盛时期的法老图坦卡蒙王陵的葬殓面具就是黄金面罩；西亚和埃及许多雕像也是饰以金箔。因此考古学家推测这两种文化有着某种不可捉摸的联系。

什么是三星堆遗址的金杖之谜？

在三星堆遗址里出土的文物中，金杖与青铜雕像是最引人瞩目的稀世珍宝了。而关于这两者的争议也最大，对于它们的身世和作用，众说纷纭。甚至闹出个金杖之谜来。因为很多人认为，在中国的古文化里面，并没有权杖这类象征。因此它的出现，很可能是外来文化的产物。

但反对者认为，古代中国并非"无权杖之说"。学者古方在《天地之灵》一书中指出，江浙一带的良渚文化的大墓中，有仪仗玉质附件出土。以"柲"相连，即成一件长68厘米，有柄首饰和柄尾的完整玉器。这说明中国之权杖，不一定是受西亚文化影响。良渚人以玉为权杖，三星堆人以金为权杖。杖，既是一种生活用具，也是一种装饰品。《山海经·海外北经》就有"夸父追日，弃其杖，化为邓林"之说。《汉书·孔光传》中有"赐太师灵寿杖"。况且蜀人活动在山区，用杖助力，更是一种必要的器具。至今，蜀中剑门藤杖，仍然驰名中外。而且我国历代王朝，都有赐杖与老臣的惯例。《礼记·曲礼》："大夫七十而致事。若不得谢，则必赐之几杖。""谋与长者，必操几杖以从之。"戏曲中有皇家使用的"龙头拐杖"，至于包金拐杖、包银拐杖、木杖、藤杖、竹杖，更是散见在各类典籍野史中。说明权杖也是华夏固有文明的一种，并非舶来品。

同时，金杖属于黄金制品，据《中国大百科全书·考古卷》说，金银器皿出现较晚，汉以前少见，到唐代才开始较多发现。关于上古时代，何时开始使用黄金制品，尚无明确记载。但《山海经》中已有黄金、赤金的区别，说明夏代已懂得金的属性，而且三星堆的金器除金杖外，还有金面罩、金虎饰、金璋形饰、金竹叶、四叉形器等。它的特点是全用金箔，说明当时对金的延伸性已经有很深的了解。宝鸡青铜器博物馆也陈列了春秋时代的金器，有金柄铁剑、各种形制金带钩等，说明金箔的使用应该是古人很早就掌握的一项技术。因此金杖也当属于中国上古文明的产物，应该说比铸造更为先进。所以，三星堆的金器有很重要的历史价值。

刘湘墓园是按照明清陵寝风格修建的吗？

刘湘墓建成于1941年，占地115亩。负责设计的总工程师是时任南京工学院建筑系主任的杨廷宝教授。墓园仿北京清陵建筑，以牌坊门为正门，门前为小石桥，桥栏柱上雕有云纹。桥前一尊高10米的汉白玉石刻"刘故上将神道碑"，碑文为杨庶堪撰，字为龚泽博书。碑在"文革"中被毁。牌坊门上刻"刘故上将墓园"，石质坚固，雄伟壮观，现已不存。

从牌坊至阙坊（俗称三洞）的大道两侧有一些柏树，均为当时四川军政界的风云人物张群、张澜等人手植。

阙坊为牌楼式建筑，正中悬有时任国民政府主席林森题匾"永念忠勋"，背面正中悬有蒋介石题匾"英姿飒爽"，"文革"时被拆毁，现已不存。

刘湘之墓

阙坊左右为两座碑亭，一座为四方形，立余中英所书的《国葬令》碑；一座是多角形，立刘东父所书的《褒扬令》碑。两亭均为木石结构，筒瓦脊爪，彩绘隶漆，具有浓郁的古式建筑风格。碑及多角形碑亭均毁于"文革"中。

在阙坊与荐馨堂之间的平坝上，原有一尊刘湘戎装铜像，立在一座二米高的水泥座上，"文革"中也被破坏，如今再难见到，仅有照片留存。

荐馨堂是重檐歇山式的木结构建筑，气势恢宏，正中供奉刘湘身着上将礼服的巨幅彩色油画像，东、西配殿供刘氏列祖列宗牌位，周围广植玉兰，现已不存。

荐馨堂后便是刘湘墓，上是坟台，下为须弥座，坟台四周为雕花栏壁，再上是坟墓封土。墓于1966年8月被毁，1985年复建。墓碑上刻着"抗战时期第七战区司令长官陆军一级上将刘湘墓"字样。

黄忠墓在何处？

在成都市西郊营门口乡，有一个村子叫黄忠村。据说在这个村子里，有一座黄忠墓，埋着三国时期蜀国的著名将军黄忠。

黄忠作为刘备帐下的五虎将之一，是有名的老将。史料对于他死后葬身何处没有记载，当时他的故乡南阳在魏国的管辖范围内，所以最大的可能就是藏在成都。但是具体葬在哪儿，后人由于缺乏史料，不得而知。

清朝道光五年，即公元1825年，鸡矢树村的一个村民，在耕地的时候，从地里犁出了一块墓碑，几根人骨头，一把剑和一块玉。农民当即就告诉了自己的地主。地主刘沅是清代的一名学者，很有学问，他看到墓碑上写着几个字："黄刚侯讳汉升之墓"，便说这是黄忠的墓。但是按照古人的规矩，墓碑上不该出现"讳汉升"，而应该是"讳忠"。因为古人有姓、名、字，日常称呼都是字，而不是名。黄忠的字是"汉升"，是需要讳的。写在墓碑上的，只能是"忠"。

这说明，这块碑肯定不是三国时期的物品，应该是后人给黄忠立的。但是，这块墓碑也表明了此处是黄忠的葬身之地。于是，德高望重的刘沅就召集了当地的乡绅们，共同出资修建了黄忠墓，在墓旁边修建了黄忠祠，时时祭祀，以示千载之下，英灵不泯。

由于有了黄忠墓，这个小村子成了远近闻名的村庄。于是村民便直接给村子命名为"黄忠墓"。每逢清明，附近的乡民就会赶到这里举办庙会，祭祀黄忠，祈祷丰收。

现在的黄忠墓，就只剩下了一个地名。

老成都的名人故居

岳钟琪为何被称为常胜将军？

成都市锦江区岳府街，坐落着清朝初期著名将领岳钟琪的故居。这条街就是因为岳府而得名的。

岳钟琪，生于1686年，卒于1754年，字东美，号容斋，四川成都人，据说是抗金名将岳飞的后人。在清初时由书生捐纳得以进入仕途，后来由文官改成武职，历经三朝，先后参加了很多战争。打了很多胜仗，被时人称为常胜将军。

康熙五十六年（1717年），当时新疆准噶尔地区汉王依靠沙俄的势力，出兵侵扰西藏地区，在这个过程中囚禁了达赖，杀死了西藏汗，虽然清廷派出了军队前去镇压，但一直没有取得较好的战果。康熙五十八年（1719年），清廷任命岳钟琪为先锋将军，率领部下前往扫清叛乱。果然，岳将军没有辜负皇恩，完成了使命，并且依仗军功，被朝廷提升至四川提督。

岳府街

到了雍正元年（1723年），青海和硕特蒙古封建主罗卜藏丹津叛变并且侵扰西宁，岳钟琪奉命与年羹尧分兵两处共同出击。岳钟琪率领部队不顾天寒地冻，英勇作

战，将驻扎在郭隆寺的敌人歼灭，之后又马不停蹄地追赶叛军，终于在铁流追上并且将其歼灭。整个平叛过程仅仅用了15天的时间，消息传到京城之后，雍正皇帝很是高兴，将岳钟琪册封为三等公，提升为川陕总督。而到了雍正七年（1729年）的时候，准噶尔地区再次叛乱，岳钟琪被任命为宁远大将军再次讨伐叛逆。之后将乌鲁木齐收复，终于把灾患消除了。至此，雍正皇帝赐予岳钟琪"威信公"的称号。此时的岳钟琪风光无限，而岳府街也因此沐浴皇恩，在成都很是出名。

可是，功高遭致猜忌是官场中常有的戏码。雍正十年（1732年），岳钟琪被鄂尔泰以有反清意图为名参劾，虽然他当时进行了极力的辩解，但还是被扣上"误国负恩"的罪名，被判处斩监候，直到乾隆二年时才被赦免放他还乡。

到了乾隆十二年（1747年）的时候，四川的一个叫做莎罗奔的土司叛乱，乾隆皇帝派兵平叛，结果被叛军打败。于是想到了在乡下养老的岳钟琪，于是重新启用他，任命为四川提督。虽然当时岳钟琪已经六十三岁，但是他宝刀未老，冒着立秋后的连日阴雨率领部队击败了莎罗奔，平息了叛乱。

乾隆十九年（1754年），岳钟琪在四川资州逝世，享年68岁。他的一生，先后参与平定西藏、青海等地的叛乱；他将孙子、吴起兵法灵活运用于战争，创造了一个又一个奇迹，所以得到了"常胜将军"之名。如今的岳府街已经今非昔比，在历史车轮的前进下，这条古老而又崭新的岳府街融入了更多文化元素，成为了成都熠熠生辉的名片，名扬全国。

彭家珍为什么被孙中山称赞为"我老彭收工弹丸"？

彭家珍故居，位于成都市金堂县杨柳乡同合村毗河南岸，在路旁建有一座"彭大将军家珍故里"的石碑，碑文的字体是单行楷书，高1.64

米，宽0.85米。故居的墙外绕渠，墙内种植了很多翠竹，房屋墙壁是用土坯垒筑的，房顶则用青瓦铺筑。院坝左边的房屋是书房，右边的是客房，书房与客房之间用矮墙和院子隔开。在厅的一侧有一条过道可以直通后院。后院是彭家珍用于生活起居的，这里的梁、柱都是用稀有的红豆木制成。1988年，彭家珍故居被列为金堂县文物保护单位。那为什么彭家珍会被孙中山先生称赞为"我老彭收工弹丸"呢？

彭家珍，字席儒，四川金堂县人，由于他的思想深受文天祥、黄宗羲等人的影响，所以民族主义观念十分强烈。1906年毕业于四川武备学堂之后，前往日本进行军事考察，之后加入了四川高等军事研究所。1911年，担任天津兵站司令部的副官，同年，加入同盟会，被任命为同盟会北京、天津、保定的支部军事部长。

彭家珍雕塑

那天，正是腊月初八，一年之中最为寒冷的一个阶段，北风呼呼地刮着。在北京西四牌楼附近，良弼乘坐在一辆四头骏马所拉的大车中，穿过牌楼回到他的府邸门外，一只脚刚从马车上迈下来，就看见一个青年向他走来。这个青年递给他一张名片但是没有说话，良弼感觉不对的时候就往府中跑，这个时候青年从怀中扔出一枚炸弹，只听一声巨响，良弼应声而倒。而那个青年也被一只弹片击中后脑，当场牺牲。这个青年就是彭家珍，他为了革命付出了自己的生命，年仅23岁。

彭家珍刺杀良弼的事件半个月之后，清宣统帝宣布退位，至此，中国几千年的封建制度终于结束，历史也翻开了新的篇章，而孙中山先生也称赞彭家珍为"我老彭收功弹丸"，并且授予彭家珍"陆军大将军"的头衔。

严君平真的是中国历史上最早的民办学校创始人吗？

位于四川成都平原边缘的地方有一处名为严仙观的道观，也被称做君平庄，是严君平的故居。据说道观是由严君平的父亲营建的，距离现在已经有2000多年的历史了。观门上有三个斗大的字，即"严仙观"，观门的左右分别写有"君平庄"以及"武都山"，这些都是书圣王羲之留下的笔迹。在馆内还保存着严君平所著的《君平指》以及他的得意弟子扬雄所著的《太玄经》。严君平能够教出像扬雄这么优秀的弟子，难道他真的是中国历史上最早的民办学校创始人？

严君平（公元前86—公元10年），原名庄遵，后来因为忌讳汉明帝刘庄的名字，才把名字改为严遵，字君平，西汉末期成都人，道家学者、思想家。对于他的出生地，历史上有两种说法，一种说他是出生在成都彭州市与郫县平乐山交汇之处的洗心庄（又称寄魂庄），也有史料称其出生在今邛崃市的南君平乡。据说，他曾经在成都、彭州、邛崃、广汉等地卖卜，50多岁的时候归隐了郫县平乐山，在这里著述收徒，扬雄就是在这里被他培养出来的，严君平在归隐的这段时间里更是写出了"王莽服诛，光武中华"的预言。

据说，严君平是中国乃至于人类历史上最早的民办学校创始人。在四川各地，都有严君平的教育遗迹。郫县曾经还有他所建的"读书台"。根据文献记载，人类早期的学校，几乎都是跟官方有关的，比如孔子所设立的民间私学，虽然它跟别的官方政治学校有差异，但是，他还是为统治阶级服务，只是把官方学校转到了民间私学而已。所以，在孔子的影响下，古代文人都难以逃脱"指点江山"的虚妄。严君平虽然也接受了很多儒家思想，但他还是以老子的学说和蜀郡当地的文化传统为根本，老子的学说不追求当官。所以说，他教学的目的只是为了发展当地的生产力以及提高人们的生活水平，而孔子的教育宗旨是"读书做官",所以在严君平开办的学校中教出的弟子大多都是耕读者。后来,他的弟子扬雄提出"耕读"思想,即先找职业用来生活,然后再读书,非常符合现代知识分子的要求。

李劼人为何被称为"成都真正的历史家"?

李劼人故居位于成都市东郊上沙河堡,因为这里是挨着"菱角"堰塘建立的,所以这里被李劼人命名为"菱窠"。最初是在1939年建成的,原本主屋是一楼一底的悬山式草顶土木建筑,后来在1959年的时候,把屋顶改成了瓦顶,而木柱则被改成了砖柱,并且把二层升高了。

到了1983年,李劼人故居被全面维修,主屋以及附属的建筑面积大约2000平方米,在庭院里新增了溪水以及曲折小径,还有许多李劼人生前种植的果树花木。1987年,故居正式对外开放。1989年,通过评比,李劼人故里在"蓉城八景"中占有一席之位。那么,李劼人为什么会被称为"成都真正的历史家"呢?

李劼人故居

李劼人,生于1891年,卒于1962年,原名为李家祥,成都人,是中国现代重要的法国文学翻译家、社会活动家、报刊编辑、实业家。他擅长讲故事,中学时期就已经阅读了大量的中外名著。他22岁的时候发表了处女作《游园会》,29岁的时候前往法国留学深造,曾经担任过一些知名报刊的主笔以及编辑,他的各种著译作品达到600万字,而被中国现代文学史上称为"大河三部曲"的作品分别是《死水微澜》《暴风雨前》《大波》,这三本书描述了中国从甲午战争开始到辛亥革命前后这段时期的社会现实，极具时代感，而且带有浓重的地方色彩，是一部传奇的民族史诗。这三本书在中国现代文学史上占有很重要的地位，因为它们当时是唯一成功把四川保路运动以及四川辛亥革命书写出来的长篇历史小说。正是由于这个原因，李劼人才被称为"成都真正的历史家"。

"明代三大才子"之首杨慎的故居在哪？

作为"四大名著"之一的《三国演义》，其开篇的那首《临江仙》相信很多读者都并不陌生："滚滚长江东逝水，浪花淘尽英雄""古今多少事，都付笑谈中。"词作壮丽而豪迈，深深令人折服。或许您并不知道，写下这首词的，正是有"明代三大才子之首"美誉的杨慎。

杨慎，字用修，号升庵，四川新都人，生于明孝宗弘治元年（1488年），卒于1559年。自幼好学，十岁时即可通背《易经》。二十四岁参加殿试，一举折桂，成为整个明朝以来四川省唯一的状元。后因得罪皇帝被贬，但其志犹坚，处江湖之远而致力于办学和著述，对后世产生了深远的影响。《明史杨慎传》赞其曰："明世记诵之博，著述之富，推慎为第一。"

今天，在四川省成都市的新都区，依然保留有杨升庵的故居。历经明、清及近现代的不断修葺完善，杨升庵故居现已更名杨升庵祠。杨升庵祠及其边上的桂湖现有景点二十余处，成为后人瞻仰、纪念杨升庵的重要去处。

杨升庵祠及桂湖总占地面积约为46500平方米，水域占16300平方米。园内花红柳绿、楼阁掩映，是一处独具蜀地特色的园林公园。桂蕊飘香、粉荷凌波，是桂湖所独有的特色。园内有新都碑林、新都名人馆、桂湖公园、学士堰、云外楼、石城墙、沁春园等景观，是集自然景观与历史人文景观于一体的好去处。

"陈家桅杆"之谜

看到"桅杆"二字,想必您的第一反应便是"与船有关"。但事实上,这座名叫"陈家桅杆"的建筑群却是川西民居的代表建筑,堪称"川西民居大观园"。

陈家桅杆坐落于成都市温江区寿安乡天鹅村,始建于清朝同治三年(1864年),历时八年完工,其所有者为咸丰年间翰林院士陈宗典及其子陈登俊。整个建筑占地7282平方米,建筑面积为2736平方米。共计大小12个院。其组合精巧紧凑,布局大方合理,颇具清代建筑特色。院内建筑为穿逗木结构,门前竖立双斗桅杆,故俗称为"陈家桅杆"。

陈家桅杆

整个"陈家桅杆"的院内建筑共分为三组:第一组是位于院落正中的三重住宅,包括前厅、二厅、正宅三重大院;第二组是位于院落西侧的小花厅,前有"翠柏山房"作为书房,后有忠孝祠用于祭祀先祖;第三组是位于院落东侧的大花厅,其精美大气的外形为整个院落之最。其中最引人注目的当属大花厅中的水池,碧波荡漾,粉荷凌波;池中石山,高度不过七尺,宽度不足一丈,可山上竟配置有青城山的全景,宫观殿廊、亭台楼阁,应有尽有,令人叹为观止。

关于"陈家桅杆"至今仍有许多未解之谜。单从名字来说,桅杆本来是沿海船只用来挂帆所用,这在地处内陆盆地的川西百姓来说是很少见到的。更不用说将桅杆作为民居前庭的建筑。有人推测,陈家门前竖起所谓"双斗桅杆",乃是象征京城皇宫广场上常见的华表。陈氏父子不知何故卸官归田,造宅隐居,仍不忘京师圣上,立双华表于院落之前,朝夕相对,正是效忠之意。除此以外,陈家的未解之谜还有许多:陈宗典祖籍重庆,为什么本应"落叶归根"的他却选择来四川温江定居?究竟是什么样的能工巧匠将川西风情与民居文化相结合,设计出这样精美的院落?陈家桅杆所用的巨大木料是从什么地方运来的?陈家桅杆前照壁上,残缺的八个雕刻精细的人物究竟象征什么?这数不清的"陈家桅杆"之谜还有待后人继续挖掘、探索。

扬雄的子云亭

扬雄,字子云,西汉文学家、思想家。他少时好学,不慕富贵,擅作辞赋。40岁以后始游京师,作一小官吏。早年最信服司马相如,因此模仿相如写了很多辞赋,成为西汉自司马相如之后最为著名的辞赋家,后世将他与司马相如并称为"扬马"。而他在晚年却否定了自己的辞赋,认为写赋是"童子雕虫篆刻""壮夫不为",但后世仍然以辞赋家来称赏他。

唐代著名文学家、诗人刘禹锡有一篇短文叫《陋室铭》,里面有一句"南阳诸葛庐,西蜀子云亭",这里的子云亭,说的就是以扬雄命名的亭子。在历史上,子云亭一共有三处。一处是成都扬雄故居里面的子云亭,这个亭子已经不存在了。一个是郫县扬雄故乡友爱镇的子云亭,清乾隆年间迁至扬雄墓侧,现在只剩下一个土台。唯一一个现存的子云亭是1987年绵阳市政府修建的。亭子上有一副对联:"八百里飞天大道,袖拂云霞,高歌过剑门,翠廊连新市。看旗山雄,鼓岭

子云亭

峻,宝塔秀,神龟灵,西蜀名亭,蓬荜辉新,须知铭陋刘郎早向先生深致敬;两千年吐凤奇才,胸罗宇宙,余韵腾涪水,书台仰古风,想长卿赋,子安文,少陵诗,永叔史,中华贤哲,词章卓古,尚有赏心介甫犹令后进倍倾城。"

这副对联和子云亭相得益彰,成为子云亭景区的点睛之处。

黄崇嘏故里

黄崇嘏,五代前蜀国邛崃人。她自幼丧父,12岁时母亲也亡故了,只留下一个老保姆和她相依为命。为了生活上的便利,她经常女扮男装,穿着儒生的服装,因为她本人博览群书,知识渊博,所以人们都以为她是个书生。

公元888年,她身着男装从乡下来到县城,正好县城发生了大火,而她当时又从火灾现场经过,所以就被诬告为纵火人,由知县派人押到州里,州官周庠下令把她关到牢里。她听说周庠是个清官,就写诗为自己辩诬。诗云:"偶离幽隐住临邛,行止坚贞比涧松。何事政清如水镜,绊他野鹤向深笼。"

周庠看到诗后,大惊失色,连忙放下公务,下令把黄崇嘏从牢里放出,并亲自询问详情。从交谈中,周庠看到她举止从容,谈吐不凡,就举荐她做了代理司户参军。黄崇嘏到任之后,处事干练,其他官吏对她十分敬服,但是大家都不知道她竟是女儿身。直到周庠想把女儿嫁给她之后,她才道出实情,并且辞职归隐。后来不知所终。

后世人对黄崇嘏十分佩服,有人将她写成中国第一女状元,把她塑造成一位反抗封建制度的女英雄。虽然不合实情,但也体现了人们对她的怀念。现在邛崃县火井镇还有崇嘏山、崇嘏塔和状元桥等物,在崇嘏山顶的遗址上有一块墓碑,上刻"王蜀女状元黄崇嘏之墓"。

"百岁老人"巴金的故居

巴金，原名李尧棠，字芾甘，1904年出生于成都一个封建官僚家庭。他是我国近代著名的作家、翻译家、社会活动家、无党派爱国民主人士，著有《家》《春》《秋》系列作品。抗日战争时期，他与茅盾创办《烽火》，任中华全国文艺界抗敌协会理事。新中国成立后，历任上海市文联副主席、主席，政务院文化教育委员会委员，中国文联副主席，中国作家协会副主席、代主席、主席，中国作家协会上海分会主席，上海市政协副主席，《文艺月报》《收获》《上海文学》主编，中华文学基金会会长。"文革"期间被打倒，关进"牛棚"劳教两年半。

慧园

2003年3月在中国政协十届一次会议上当选为第十届全国政协副主席，中国作家协会主席。2005年在上海去世，享年101岁。

巴金在成都的故居坐落于正通顺街98号，人称李家大院。巴金从小在这个院子里长大，直到19岁去南京读书时才离开这里。这座深宅大院是标准的晚清官邸，一共五进三重堂，由大厅、堂屋、桂堂和院墙组成，是砖木平房结构。解放后，这所院子成为成都军区战旗歌舞团驻地的一部分。后来被拆。

现存的巴金故居——慧园建于1988年，占地二十多亩。它是根据巴金的小说中对高家园亭的描述为基础建造的，以小说的主人公觉慧的"慧"字命名。著名书法家启功为"慧园"题名，著名作家马识途为慧园大门增题楹联："巴山蜀水地灵人杰称觉慧，金相玉质天宝物华造雅园。"

成都的名山胜水

　　成都位于四川盆地西部,境内名山胜水非常之多。西岭雪山上有凄美的爱情传说,青城山有袅袅的道家香火,金堂云顶山的山神曾经带着唐玄宗飞过艰难的蜀道,九峰山的九座高峰曾经名扬上古……

　　桂湖的桂树是杨慎大才子种下的,因而才气伴着香气远飘万里;石象湖植物覆盖率高达百分之九十,堪称一个"植物王国";白塔湖与佛教文化关系密切……

　　造化钟神秀,大自然所展现的美景,一定会让你流连忘返。

成都的名山

西岭雪山真的有熊猫林吗？

西岭雪山，位于四川省成都市大邑县境内，总面积483平方公里，属世界自然遗产、国家重点风景名胜区，也是大熊猫的主要栖息地。其名来源于唐代大诗人杜甫的绝句"窗含西岭千秋雪，门泊东吴万里船"。景区内有大雪山，海拔5353米，是成都第一高峰。

西岭雪山

西岭雪山景点众多，最为著名的就是熊猫林。因为这里盛产箭竹，植被丰富，是大熊猫的天然家园。因为大熊猫常在此出没，所以国家在开发景点时就以"熊猫林"命名。它总面积有几百亩，一年四季，风景秀丽。春夏秋冬，各有不同。倘若幸运的话，观光的时候就可以看见国宝大熊猫。

西岭雪山的阴阳界有何神奇之处？

西岭雪山最绝妙景点是白沙岗一带的阴阳界。阴阳界不仅仅是一座山峰，还是一座分水岭。站在阴阳界的山上向天空看去，可以看到一边是晴空万里，蓝天白云；一边是云蒸雾涌，朦朦胧胧，给人以无限神秘的遐想。因为白沙岗横亘千米，脊顶仅有2米宽，如斧劈刀削的一般。它的西部是青藏高原的高原气候，寒冷干燥，东部为四川盆地气候，温暖湿润。由不同气候所产生的两种截然不同的气流在白沙岗上方相遇，就形成了世上罕见的自然景观。

您知道西岭雪山上鸳鸯池的爱情传说吗？

传说很久很久以前，西岭雪山上的火山爆发了，当地的百姓苦不堪言，纷纷逃离自己的家园。山下村里的一个青年男子为救乡民，决定以身堵火。他不顾村子里深爱着他的姑娘的劝告，跑到火山口，一纵身就跳了下去。可是并不起效，火山仍在喷发，而那位姑娘也一路追了上来，见此情景，也毫不犹豫地跳了下去。这时，奇迹出现了，火山停止了喷发，并在火山口溢出一股清泉，慢慢地汇聚成一个水池。后来每到夏天，池中就会有成群的鸳鸯在里面玩耍戏水。

关于这个火山口，现代考古学家进行过实地考证。在鸳鸯池边，有一个直径4米左右、深只有一米的坑，坑中有一个碗口大小的洞口，泉水正源源不断地流进去，叮咚作响。据成都理工大学地球科学学院教授殷继成说，2亿年前，西岭雪山确实是火山多发区，不排除两个洞口是古地质时代火山口的可能性。但目前在四川境内还未发现现代火山，鸳鸯池有可能是冰川融化后形成的一个天然小湖泊，若是几亿年前的火山口，那跟人类的爱情传说就相去甚远了。

鸳鸯池

徐霞客真的差点冻死在西岭雪山上吗？

徐霞客，名弘祖，字振之，号霞客，汉族，明朝南直隶江阴人。他是明代著名的地理学家、旅行家，曾游遍中国的名山大川，而且每到一处，必作日记，写有游记二百四十余万字，只可惜大部分都散失了。后人根据残本编撰出《徐霞客游记》，称之为一代传奇。

相传当年徐霞客与一好友途经成都大邑境时，听说西岭雪山非常伟岸壮丽，因此想要攀登上去。在此之前，谁都没有登上过西岭雪山，当地的村民都劝说徐霞客不要登山。但徐霞客与友人血气方刚，执意要攀登，村民见劝阻不了他们，只好用自酿的村酒相赠。徐霞客和他的朋友用葫芦盛了酒就出发了。在没有任何辅助工具的情况下，他们俩花了四个时辰，终于登上了西岭雪山的山顶。山顶上虽然风光绝妙，风景独好，但是气温非常低。他俩还没来得及细细领略，就被寒冷所困惑。就在徐霞客快要倒下的时候，他摸到了腰间的酒葫芦，于是两人就你一口我一口喝起酒来。酒带来的热量温暖了他俩，这才站起身来，支撑着下了山，捡回一条性命。

"青城四绝"是哪四绝？

青城四绝指的是成都青城山独有的四种传统名产，即青城茶、白果炖鸡、洞天乳酒和青城老泡菜。此四绝闻名于青城山，许多游客来此观光之后，必定会带一些特产回去给亲人品尝。

青城山青城茶是指产于青城山一带的绿茶。青城茶一般于清明前后采摘，然后经过鲜叶杀青、初揉、炒二青、复揉、炒三青、做形、提毫、烘焙等一系列工艺精制而成。茶叶成品索卷均匀，嫩匀绿润，微卷曲；茶汤碧绿明亮，回甘持久有余香。以"青而不淡，浓而不涩，香而不艳,精而不俗"闻名于世。

白果炖鸡是青城道家所创。既是美味名肴,又为滋补佳品。用自家喂养之土母鸡,选优质白果,以沙锅炖制,汤清色淡,白果软糯回甜,鸡肉鲜香细嫩,味道醇厚鲜美,是当地有口皆碑的一道好菜。

白果炖鸡

洞天乳酒是青城四绝之首,它年代悠久,具有一千二百年的历史。其制作以"果王"猕猴桃为主要原料,配以青城山特有的矿泉水,根据道家传统方略酿造,味道独特,令人一饮之后回味无穷。

青城泡菜俗称青城道家老泡菜。以青城山道士生产的鲜黄瓜、白菜、萝卜、水红辣椒、大蒜、豇豆、仔姜、良姜等为原料,经严格挑选、清洗、晾晒后,放入用山泉水、精盐、花椒等配制而成的特殊汁液中泡制而成,专室、专具存放、专人管理,十分讲究。

金堂"云顶山"的山名是唐玄宗起的吗?

云顶山位于成都金堂县境内龙泉山脉中段,分大云顶山和小云顶山。山顶上有平地数十亩,形状类似城墙,故又称为"石城山"。山上不仅风景秀丽,且地势险峻,是自古兵家必争之地。是著名的宋末八大山城防御体系之一,著名的抗元城堡遗址。而且它的名字,也有一番不小的来历。

话说唐天宝十四年(755年),安禄山以讨伐杨国忠为名起兵叛唐,长驱直入攻下洛阳,史称"安史之乱"。天宝十五年,叛军攻破潼关,进占长安,唐玄宗入蜀避乱。由于蜀道艰险难行,所以走得很慢,尤其到了剑门一带,更为艰难。正在他焦急的时候,刮来一阵香风,一个英武神勇的壮汉跪拜在玄宗圣驾前面,自称是石城山山神,因为探知皇上入蜀，所以前来护驾。玄宗说："你赶快助朕早日安稳轻松地入蜀。"山神说："陛下无需忧虑，此事易办，小神到此来正为此事。"说完请唐玄宗闭眼，只听一阵风声，玄宗的彩舆就飞了起来，轻如流云，很快就进入了成都平原。随行的山神向皇上拜辞说："小神当归山庙，为众多祈祷的山民排危解难。路已平坦，皇上可以慢行了。"说罢消失不见。

唐玄宗随后就在成都驻跸。一天，天气和畅，他去郊外游玩。登上一座小山向远处遥望，只见祥云缭绕，紫气冉冉，于是问左右随从："此何处？"随从对曰："石城山。"唐玄宗忽然想起自己入川时候在剑门接驾护卫之山神就住在此山，于是就驾至石城山，改石城山为云顶山，庙为慈云寺。并敕建山神庙，每年春秋之季派官祭祷。至今山神庙香火鼎盛，绵延不绝。

成都九峰山真是由九座山峰组成的吗？

九峰山为四川省省级风景名胜区。山间有嫘祖寺、清凉寺、海会堂和祖师殿等寺庙，峰顶有始建于明代天启年间的雷音寺。晴天可观日出、云海、佛光，阴天可见"瀑布云"。景区面积约180平方公里，由火焰峰、白虎峰、背光峰、元武峰、仙人峰、朱雀峰、长年峰、天牙峰和龙峰九座山峰组成，是名符其实的九峰山。

九峰山层峦叠嶂，山势险峻，怪石陡峭，直指天际。登九峰山有6条山道，主要登山道路有三条：从二仙桥上登顶；从慈竹湾经祖师殿上登顶；从长河坝经龙口、龙石坪上登顶。

九峰山风光

山顶云雾缭绕，高入云天。古时候蜀人不知日月运转规律，还以为是九峰山太过高大，挡住了日月的去路，因此称九峰之间的峡谷为日所入的"蒙谷"，意即太阳休眠的地方。有研究《山海经》的人说，九峰山就是《大荒西经》中所说的"灵山"。巫彭、巫威、巫即、巫股、巫姑、巫真、巫礼、巫抵、巫谢、巫罗十个巫师从这里上天下凡。由于这里长满了各种各样的药材，这些巫师在下凡的时候，都会顺便采撷一些药材来为人们治病。所以，九峰山又有"天梯""神仙路""人间仙境"之称。并说此山是"登之乃神""登之乃灵""登之能不死""登之能使风雨"的仙山。

龙泉花果山的桃花节

龙泉花果山景区位于成都东郊龙泉山，这里十万余亩果园连绵不绝，一年四季花果香味四溢，各种水果应有尽有，产果期间万商云集，是我国西南地区最大的水蜜桃、葡萄、枇杷的生产基地，被国家授予"中国水蜜桃之乡"称号。三月赏桃花、四月品樱桃、五月吃枇杷。每一个季节，都有每一个季节的味道。

天府之国，春来第一花，当属龙泉桃花；而花会之盛，又首推龙泉"桃花节"。龙泉花果山素以"四时花不断，八节佳果香"著称。1987年，龙泉驿区举办首届桃花会，1993年第七届桃花节提出了"以花为媒、广交朋友、促进开发、繁荣经济"的办会宗旨；1994年，桃花会主办者由龙泉驿区人民政府升格为成都市人民政府，名称也水涨船高，改为"中国成都桃花会"。1999年，龙泉驿区将桃花会改为桃花节。国家旅游局对外宣布：桃花节为"99中国生态旅游大节庆活动之一"。2001年8月，国家旅游局正式批准桃花节为国际桃花节。至2016年3月10日，第30届成都国际桃花节隆重开幕。

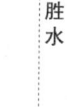

成都的胜水

桂湖是因为桂树而得名的吗?

桂湖,位于成都市北部新都区,是全国唯一一座保存了隋唐园林遗迹的园林,是川西园林的代表之一。隋朝时期,因为修筑新都县城墙,在此取土,形成了一片湖池。因为此地位于新都县县署的南部,且设置有驿亭,因此得名"南亭"。到了唐朝,经过卢照邻等文人官员的经营,南亭逐渐发展,成为一处隶属于驿站的园林。

桂湖

明朝中期,大才子杨慎在新都居住时,曾在湖的周围遍植桂树,"桂湖"便因此而得名。清朝时,桂湖已经演变成为纪念杨慎的公共园林。人们受其影响,纷纷种植桂树,蔚然成风。每年中秋时节,桂花飘香,吸引了许多游人到此观赏,由此还促成了当地一年一度的桂花节。

石象湖为何被称为"植物王国"?

石象湖位于成都市蒲江县境内,是一处著名的国家级生态示范风景区。湖内有石象寺,有坐姿15米高的"川西大佛",景区内森林覆盖率达百分之九十以上,犹如一块翡翠,镶嵌在成都平原上。凡是去过那里的游客,没有不称赞它的。

石象湖地带属于亚热带湿润季风气候,植物种类丰富,生长繁殖条件好,堪称是一个"植物王国"。这里的植物有三大独特之处。一是它们的起源都很古老,在第四纪冰川时期,地球上的很多植物都遭到了毁灭性的破坏,而这里的植物却幸存了下来,如桫椤、海金沙、芒萁等,因此有着特殊的价值。二是植物群落层次分明。在森林中可以非常清楚地看到乔木层、灌木层、草本层和层外植物的科学分布。几乎可以称得上是一本天然的"植物多样性研究"教材。三是这里的植物具有很高的经济价值、科研价值和生态价值。很多植物的根、干、叶及花果都具有药用、食用的功效。并且在工业用料、遗传基因变异等方面都有科研价值。如革叶猕猴桃、罗浮柿、野荔枝、茯苓树等。而且这里的植物都生长在浅丘之上,易于观察,无需登高,很具亲和性。还有数量最大的马尾松森林,成为一个净化空气、杀灭细菌、保护环境的天然卫士。

北湖为何有"静区""动区"之分?

成都北湖公园位于成都市成华区龙潭境内,是成都市公益林示范区,集水文化、鸟文化、竹文化、客家文化于一体,是成都市主城区最大的人工湖和最美的生态湖区。

北湖是一个具有独特鸟类文化的风景区,湖区一共分为南、北两区,南区为"动区",以水上娱乐活动和水体景观的展示为主;北区为"静区",以观鸟旅游活动为主。这些分类,都是为了更好地体现鸟的

北湖风光

价值，围绕着"鸟"而做的。目前，湖中的三座鸟岛上繁衍生活着五十多种野生鸟类，随着北湖生态环境的继续完善，预计3~5年后，野生鸟类的品种将会增加到一百五十余种，届时这里将成为野生鸟类的天堂。成都平原河流纵横，湖泊众多，气候温和，特别适合鸟类栖息，今后成都北湖公园将是中国西部最大的城市观鸟中心。

白塔湖中也有座钓鱼岛吗？

白塔湖位于成都著名的"竹编之乡"道明镇，是20世纪80年代初期利用罗沟向阳水库开发的一个旅游风景区。这里原是佛门圣地，隋朝时期，白塔湖东面的山上建有白塔和白塔禅院。据资料记载，当时的白塔禅院规模宏大，有庙舍78间，院内古树参天，香火鼎盛。

白塔湖以白塔禅院为中心，周围岛屿的命名都与佛教有关。白塔山原名和尚山，其他山头、山岗、山坡、山沟之名均由此派生。它西面的小山，由于有点类似和尚面前的木鱼，故名"木鱼山"。后来蓄水成湖之后，四面环水，山不再像山，更像一个岛了，因此便改称"木鱼岛"。木鱼山的西南面有醮赞坡，为白塔禅院佛家弟子做法事所用。白塔湖附近有"三印岗"，白塔湖畔有"三印亭"，白塔湖址原称"罗汉沟"，所有这些名称都与佛教文化密不可分。

在划为风景区之后，政府在木鱼岛东侧，又添了一个"钓鱼岛"，专为游人垂钓而设，可这就与佛教文化无关了。

成都的街桥与地名

成都是一座古城。由于历史的变迁，这里留下了许多古老的街道桥涵。成都北门外的驷马桥，是为纪念司马相如而改名的；九眼桥是传说中八仙之一"铁拐李"升天的地方；桓侯巷与张飞有何关系？欢喜街为何"欢喜"？洗马池曾经赵子龙在此洗马？……

每一处街桥都有一段传说，每一个地名都有一段故事。成都的历史，尽在街桥地名中。精彩不容错过，内涵值得深究。

老成都的街桥

驷马桥真的是为了纪念司马相如而改名的吗?

驷马桥,是见证千古爱情佳话之桥,位于成都北门高笋塘外百米的沙河上,原本是一座木桥,现在已经不存在了。从地理上来看,它是成都北大门川陕路上的要冲,也是通往驷马桥街、驷马桥路和解放路的必经之地。从北边过桥的话是个三岔路口,直走就是驷马桥街,右拐就是驷马桥路。

驷马桥

驷马桥原本不叫驷马桥,它的原名叫做升仙桥,因为桥下的河水名为升仙水,以此而得名。那么,升仙桥为何被更名为驷马桥呢?说到这里就不得不提一个人,此人就是司马相如。

司马相如(约公元前179—前118年),汉代文学家,字长卿,蜀郡成都人。司马相如擅长鼓琴,他所用的琴名为"绿绮",是传说中最为优秀的琴之一。司马相如生平有很多典故,其中以他与卓文君的爱情故事流传最为广泛。

司马相如在年少的时候喜欢读书、击剑,后来被汉景帝封为"武骑常侍",但是司马相如的志向并不在此,于是就辞官而去,投奔临邛县令王吉。在临邛，司马相如听说富商卓王孙有一个女儿才貌双全，这个女子就是卓文君。有一次他在卓家做客，通过弹琴表达自己对卓文君的爱慕之情，所弹之曲就是流传至今的《凤求凰》，"凤兮凤兮归故乡，游遨四海求其凰。有艳淑女在闺房，室迩人遐毒我肠。何缘交颈为鸳鸯，胡颉颃兮共翱翔！"一曲弹完，就在帘后倾听的卓文君怦然心动，之后与司马相如见面后一见倾心。由于卓文君家里的反对，他们只好约定当晚私奔。到了晚上，卓文君收拾好行装与司马相如会合，从而完成了二人生命中最为辉煌的事件。

与司马相如回到成都之后，卓文君才知道司马相如目前的状况是多么窘迫，但是她并没有因此放弃与司马相如的爱情，而是大大方方地开起了酒坊，最终使她那爱面子的父亲承认了他们的爱情，并且给予钱财百万、仆从百人等大量物质方面的东西。加上当时司马相如的《子虚赋》使皇帝龙颜大悦，两者相加，司马相如带着美妻终于荣归故里。

在东晋《华阳国志·蜀志》中记载："城北十里有升仙桥，有送客桥，汉代司马相如初入长安，题其门曰：'不乘高车驷马，不过汝下'也。"于是后人为了纪念司马相如，便根据他的题字之意将此桥改名为"驷马桥"。

簇桥的命名与蚕丝有关吗？

簇桥，又名簇锦桥，位于成都市武侯区西南部。在明代，簇桥原先是一座竹索桥，到了明惠帝建文年间，把它改建成了五孔石拱桥。它的跨度达到了三十米，每个孔中间可以过船。据《双流县志》记载，"明嘉靖二年培修。"在簇桥的桥墩上也刻有一段话，"清咸丰三年（1853年），由广都民众加以修缮。"这就证明了簇桥在之后的岁月中是被修缮过的。直到1972年，簇桥才由石拱桥改建为水泥平桥。

据传，簇桥的命名是跟蚕丝有关的。簇，由农作物的秆制成，如麦

秆、油菜秆，专门供蚕吐丝做茧之用，而簇桥此地的人们便是靠养蚕为生的。

从秦汉开始，成都便是生产蜀锦的中心，而恰好簇桥位于成都的平原腹地，栽桑养蚕在这里十分盛行，所以这里就成为丝织品以及生丝的交易中心。在唐宋时期，因为这里蚕丝交易的繁华，簇桥一度被改名为"茧桥"。到了明清时期，这里的繁华程度更是令人惊叹，成都附近的城市，甚至四川周围省的商人都到这里购买蚕丝。

史料上虽然没有记载簇桥的命名是与蚕丝有关的，但是根据蚕丝与簇桥的深切联系，簇桥很有可能就是根据蚕丝命名的。

磨子桥中的磨子是什么意思？

磨子桥，位于成都新南路与一环路交叉口，建于清道光年间（1821—1850年），因为在它的桥面上刻有磨槽形状的花纹而被命名为磨子桥。那么磨子桥中的磨子是什么意思呢？

磨子桥

磨子，俗称水碾，是用两个圆石盘做成的，可以用来粉碎粮食。在用磨子的时候，需要一个人来牵动磨盘，将需要粉碎的粮食放到上爿的磨孔之中，经过反复的碾压，粉碎后的粮食会从下爿的边沿处流出，最后落到之前就放好的匾内。而磨子桥便是借用磨子的含义，来寓意古时候的父母为了养家糊口，辛勤地用石磨磨出粮食来供养孩子，比喻父母爱的伟大与无私。

现在的磨子桥身处成都市最繁华的IT产品销售中心，成都电脑城、百脑汇电脑城和新世纪电脑城都位于磨子桥的旁边，在离其不远的地方还有东华电脑城、时代数码广场等大型IT产品商场。已经成为四川省乃至西南地区最大的IT产品交易地区了。

九眼桥真的有九只眼吗?

九眼桥位于成都市锦江区,古名宏济桥,又叫做镇江桥,最早建造于万历二十一年(1593年),它由当时的布政使余一龙所建。之后又经过几次补修,第一次补修是在清朝乾隆五十三年(1788年),由总督李世杰负责,就在这个时候此桥正式改名为九眼桥。在乾隆五十五年(1790年)时又进行补修。1988年,在九眼桥西侧新建了交叉钢架水泥预制桥,从桥基点起算,长约120米,宽25米,桥北下端辟有汽车通道横贯东西,形成半立式交叉桥。

可惜,在1992年,由于老九眼桥对泄洪有所妨碍而不得不拆除。1999年7月,成都市规划局为了重建九眼桥出台了九眼桥异地重建方案,重建地址位于距老九眼桥1.9公里处。2001年11月,此项工程宣告完成,新九眼桥仍为九孔,外部全由仿古青石块砌成,桥面用青石块铺设保留了具有明代建筑风格的九孔石拱桥形象。

那么,九眼桥就真的有九只眼吗?答案是否定的,九眼桥是一座桥,而这里所说的"九只眼"是指九眼桥下的九个洞,并不是有九只眼。

九眼桥的第五个桥洞是"海眼"吗?

海眼,通俗地讲就是指泉眼,泉水的出水口,也指那些一年四季都不会干的泉水。海眼又叫做"归墟",根据《山海经》记载,在"渤海之东"这片茫茫大海之上还存在一个无底之谷,它就是"归墟",传说它可以把宇宙中各条河流,甚至连天上银河的水都汇集到这个神秘的无底洞里。传说在我国南海也有这么一处海眼,深不见底,倾尽全天下之水也难以将其填满。

而九眼桥跟海眼又有什么关系呢？那就要说到九眼桥的第五孔了。第五孔是九眼桥九孔中最大的，它处于中间位置。传说是这样的，相传九眼桥第五孔的下面是一个海眼，可以直通大海，深不可测。由于这个传说深入人心，所以常常会使得一些好事的人往桥下扔硬币或者铜钱，想用钱币落底的时间来估量深度。此事不禁令人莞尔，也不知道人们有没有听到落底的声音。对于九眼桥的第五孔是不是海眼这个传说的真实性无从考证，但是它带给人们的遐想是无限的。

九眼桥真的是铁拐李得道升天的地方吗？

相信人们对于铁拐李这个人物肯定不陌生，他是"八仙"中年代最久、资历最深，也是第一位得道成仙的。在元杂剧《吕洞宾度铁拐李岳》中始有其名。他的身世由来有很多传说。有人说他是由西王母娘娘点化成仙的，封号东华教主，授铁拐一根。也有人说铁拐李的本名为李洪水，他常常在街上行乞，被人们厌恶。有一天，他将手中的铁杖掷于空中化为飞龙，就这样乘龙而去、得道成仙。还有人说，铁拐李名为李玄，他因为遇到太上老君而得道。有一天，李玄神游华山赴泰山老君之约，离去之前嘱咐他徒儿七日不能离开他的法身。然而总会有意外发生，在第六天的时候，他的徒儿因为母亲病危不得不离开，只能把他的法身焚化。到了第七天李玄回来之后发现他的法身被焚化了，仓促之间只好附身在一个跛脚乞丐的尸体上。因为被附身的乞丐蓬头垢面，袒腹跛足，李玄又将一根竹杖变为铁拐，所以被称为李铁拐。

九眼桥

那么铁拐李是在哪里得道成仙的呢？这就涉及到九眼桥的另一个传说了。相传，铁拐李就是从九眼桥飞升的。说来很是神奇，在九眼桥上千块红砂石板镶的桥北头，有一块石板，至今上面还留着一个人脚板形状的凹坑，它的大小正好跟成年男子脚的大小是差不多的。众所周知，铁拐李是一个跛子，在升天的时候只能用一只脚蹬地，所以就引出了这段传说。由于这段传奇的延续，许多过往的人总是要在这块石板上面用脚比试比试。

九眼桥下真的藏有张献忠当年没有带走的宝藏吗？

张献忠，字秉吾，号敬轩，在明末时期领导了农民起义，推翻了明朝在四川的统治，于1644年在成都建立大西政权。1646年，清兵入关，四川境内战争不断，张献忠最终不敌清兵，不得不退出成都，1646年在西充凤凰山中箭身亡。

据史料记载，张献忠生前曾经在成都举办过斗宝大会，向人们展示了摆满24间屋子的金银珠宝，比当时的崇祯皇帝还要富有，用富可敌国来形容他是十分贴切的。那么，张献忠死后，他的宝藏就成了一个谜，宝藏到底被藏到哪里去了呢？

相传，张献忠的宝藏是被藏在了九眼桥一带的河中，这个传说是真的吗？据说在张献忠死后，成都九眼桥曾经流传过一首民谣："石牛对石鼓，银子二万五。"这个民谣所讲的是张献忠兵败退出成都之时是在九眼桥码头上船的，临走时将大量的金银财宝秘密藏了起来，而找到宝藏的标志便是石牛和石鼓。谁要是发现了石牛和石鼓，就有可能找到这些宝藏。

相传在20世纪30年代末，有一个由袍哥和军官入股名为"锦江淘银"的挖宝公司，组织了一个挖宝队伍来九眼桥下挖宝，目的就是要挖出张献忠的宝藏。没过几天，石牛和石鼓竟然真的被他们从九眼桥下挖出来了，与民谣中的石牛和石鼓正好契合。但可惜的是，之后挖出来的东西只是些生锈的铜钱。这场挖宝行动就以这样的方式结束了，而关于宝藏的去向，至今还是未知之谜。

马可·波罗真的来过安顺桥？

新安顺廊桥，位于成都合江亭附近，飞檐翘角，颇具古韵，但它并不是在古安顺桥的原址上建造的，古安顺桥的原址在新南门大桥的下游。安顺桥的初建时间，已难以考证，据说建于1680年前后。也有人说，安顺桥的历史可追溯到元代，赫赫有名的马可·波罗也曾到此一游。

安顺桥

马可·波罗，意大利威尼斯人，举世闻名的旅行家。他17岁时跟随父亲和叔叔经过四年多的时间来到中国，在中国游历17年，在这段时间游历了中国的很多地区。之后回国经历战争不幸被俘，在狱中口述了在中国的所见所闻，由他的狱友鲁斯蒂谦写下了著名的《马可·波罗游记》。

《马可·波罗游记》中对于安顺桥是这样介绍的，"在成都市内有一座桥，横跨在一条河上，在桥的一端和另一端各有一排大理石桥柱支撑着桥顶，桥顶是木质的，在其之上装饰着红色的图画，并且还铺有瓦片。桥面上排列着整齐的房间和商铺。"

由此可见，马可·波罗并没有来过安顺桥。因为安顺桥的宽度，根本不足以在桥上建造房子用作商铺，迄今为止，全世界也少有什么桥是专门在桥面上盖房子的。因此，这可能只是马可·波罗的想象罢了。

桓侯巷是为了纪念张飞而命名的吗?

张飞,字益德,幽州涿郡人氏,三国时期蜀汉名将,与刘备、关羽桃园三结义。他的形象通过影视以及小说等民间艺术深入人心,他勇猛、鲁莽并且嫉恶如仇。当年,刘备在长坂坡兵败,张飞据水断桥,只带领二十骑断后,曹军也没有人敢靠近;在扫荡西川的时候,于江州义释严颜;汉中之战时又在宕渠击败曹军大将张郃。他的功勋对于蜀汉是极大的,官拜车骑将军、领司隶校尉,被封为西乡侯,而后在睡梦中被范强、张达所杀。在后主时代被刘禅追封为"桓侯"。

而桓侯巷便是为了纪念张飞而命名的。在桓侯巷内有桓侯庙,在巷的东南方向有一个衣冠冢,在它的旁边有一块石碑,上面写道"汉张夫子衣冠墓"。但这个衣冠冢是假的,因为经过挖掘,在墓里发现了"汉兴币",而这个钱币的发行要比张飞所在的朝代晚一百多年。

在桓侯巷的附近还有纪念关羽的衣冠庙和纪念刘备的洗面桥,刘、关、张当年桃园三结义情深义重,可谓感天动地,致使他们现在在地标意义上还密切相关。

簧门街的命名跟"秀才"有关吗?

簧门街位于成都市武侯区玉林街道辖区簧门街社区,与浆洗街、国学巷等相邻。

在古代,簧门是指学宫的大门,所有考中秀才的士子就被称为身入簧门,即天子门生,但簧门街的命名并不是因为皇家学宫得来的。

簧门街

清朝时期,有一武举人名为杨遇春,四川崇庆人,字时斋,乃历经乾隆、嘉庆、道光三代名将。他在乾隆年间前往贵州镇压苗民;嘉庆年间转战川陕,镇压白莲教,而后镇压林清、李文成起义;道光年间平定张格布。因为他每次出征之时都会建黑旗,所以被称为杨家黑旗军。之后这位有功于清廷的三代名将告老还乡回到四川,朝廷赐予他一座别墅,这个别墅便位于后来的簧门街。

清光绪初年(1875年),此时的簧门街还被称为东巷。当时,张之洞在四川学政任职,在他任职期间对尊经书院的管理下了很大功夫。光绪二年,张之洞被调回京城,但是成都的尊经之风依然盛行。直到光绪二十八年(1902年),杨家子孙将别墅捐出。四川当时遵守张之洞"旧学为体,新学为用"的观点,在这里建立了学堂。因为学堂所招的学生大多都是秀才,所以门前的这条街便被命名为了簧门街。

簧门街曾经也叫做"簀门街"吗?

说起这条簧门街,还有着一段趣闻。由于这段趣闻,曾经还被引出过这么一句话:"四川人,生得奸,认字认半边"。

从清光绪三十年(1904年)开始,"簧门街"在成都地图上就被正式标注了,它的历史已经超过百年。对于成都市民来说,"簧门街"或读或写肯定是不会出错的。可是2004年2月,在这条街正式命名后的百年之际,靠近南桥商场一侧的街口,却有一个大型指路牌上将它写成了"簀门街",拼音也写成了"Huang Men Jie"。这件事情被发现之后,立即由《成都晚报》组织的"纠错别动队"予以曝光,很快有关部门及时做了更正。然而,在2008年8月,浆西街高架桥的一侧,市民发现一块应该是"簧门后街"的悬空路牌又变成了"簀门后街",拼音也从"hongmenhoujie"变成"huangmenhoujie"。随即,《成都日报》再次曝光这件事。次日,"簧"字被改了回来,但是"簧门"的拼音却还是

"huangmen",最终,在市民以及媒体的坚持之下,拼音又在次日被改正回来。在这件事情发生的时间里,许多长期居住在这里的居民表示很不习惯,本来是"簧门街",现在却变成了弹簧似的"簧门街",真是令人哭笑不得。

2009年1月,成都的媒体针对"簧门"和"簧门"做了一次回访,证明"簧"不再是"簧"了。但是搞笑的是又有市民发现从石羊场到火车北站的28路公交车的路线图上都是"簧门后街站",媒体只能再次予以曝光进行更正。

这就是关于簧门街的趣闻了,果真是一波三折。

红庙子是一座庙还是一条街?

红庙子,是街名也是庙名,位于成都市青羊区。在成都,一提到红庙子,不由自主地就会令人们想起20世纪90年代的炒股热潮。就是这么一条二三百米长的小街,股民人数最多时可达十万人。有原股民回忆说:"一旦你进去,不用你动,人挤人推着你就从街这头到了那头。"可以想象当时的场面是多么壮观。那么红庙子的由来是怎样的呢?

红庙子街

在清朝,这里建起一座庙宇,名字叫做准提庵,这座庙并不宏伟,但却独具特色,由于它四周的围墙都是红色的,因此当地的百姓给它取了个俗名,即"红庙子"。康熙年间,在准提庵通红的围墙内香火鼎盛,有很多百姓在此虔诚朝拜,一副前清盛世的景观。而后,一条窄街小巷因为这座庙宇逐渐形成,老百姓把这条街也称为红庙子。直到光绪五年,即1879年,这条街被正式

命名为红庙子。可惜的是，准提庵在宣统年间被毁，现在在它的旧址上的是一座小学，名为红庙子小学。而红庙子作为街名地名一直被沿用至今。

石笋街之前真的有五块石笋吗？

石笋街，又名"五块石"，位于成都市金牛区。以五块石头命名一条街，可见这五块石头大有来头。那么这五块石头真的存在吗？

据老成都人说，石笋街原本是有五块石笋的，并且这五块石笋巨大，就是因为这个说法，这条街才被改名为石笋街。

相传，这五块石笋是古蜀王命令"五丁力士"搬到这里的，目的是镇压住下面的海眼。因为利害关系，这五块石笋是不可以移动的。如果移动了，海水就会从海眼中涌出，那么成都市便会成为一片汪洋。

还有一个传说，据说古蜀王曾经在石笋的旁边建造了一座楼，名字叫做"七宝楼"，也叫做"珍珠楼"。将它命名为"珍珠楼"是因为楼房四壁间挂满了用细小的珍珠串制成的帘。到了晋代，桓温平蜀国时将此楼烧毁。相传在此楼被烧毁之后，每次下雨完毕，在这条街的泥土中还可以捡到青黄色的小珍珠。

关于五块石的传说，从来都不缺乏质疑的声音，历朝历代都存在过。现在五块石已经不存在了，就只剩下"五块石"这个地名，真是令人叹息。

文庙街上真的有"石室"吗？

成都有一条文庙街，顾名思义，在这条街上是有一座文庙的。这座文庙修建于唐朝时期。相传，在这座文庙修建以前，这个地方本来是一座"石室"，但是这个"石室"并不是一座石室，而是一座周公礼殿。

据说，在唐代以后，全国为了祭祀孔子而普修文庙。但在唐代以前，人们则是奉祀周公。这座"石室"便是在汉景帝末年被一个名为文翁的人修建而成的。

文翁（公元前156—公元前101年），名党，字仲翁，西汉史官，安徽舒城人。于汉景帝末年被任命为蜀郡守，他在任职期间大兴教育、举荐贤能、兴修水利，施政的成绩非常杰出。后来，他在文庙街上修建了周公礼殿，当时为了保护好书籍，这个礼殿的建筑材料都是石头，所以才被称之为"石室"。

文庙大成殿

这个"石室"历经两汉、三国、西晋各代，据说当年东晋桓温伐蜀的时候还存在着，可惜后来经过战乱，还是不复存在了。唐代时期，唐人在"石室"的故址上兴建孔庙以及学宫。学宫代代相传，在清朝时期名为锦江书院，到清末时变为学堂，改为成都府中学。辛亥革命之后，被称之为成都联合中学，再之后，改为石室中学，现为成都市第四中学。而文庙，现在还存在着，现在根据文庙的方位，文庙街可分为文庙前街、文庙后街。

暑袜街是因为袜子而得名的吗？

暑袜街，位于成都市主城区。它并不只是一条街，具体来讲其实应该分为南、中、北三大段，即暑袜南街、暑袜中街以及暑袜北街，暑袜北街又被分成了一、二、三段。暑袜街少说也有三百年的历史，在清朝光绪五年（1879年）的地图上就已经标注上了"暑袜街"的街名。那它为何被命名为暑袜街呢？

据明代范濂的《云间据目钞》记载，"松江旧无暑袜店，暑月穿毡袜者甚众。万历以来，用尤墩布袜，极轻美，远人争购之"。这说明暑袜在明代的时候开始兴起。在明代，天气冷的时候，人们习惯穿羊毛袜，因为它比较暖和舒适。天气热的时候就习惯穿油灯布夏袜，又或者说是云绸夏袜，因为它价格便宜，凉爽舒适，质地轻盈。暑袜街便聚集了很多卖袜子的商店。因为气候原因，成都这一带天气比较暖和，因此穿暑袜的时间比较长，那么卖暑袜的时间相对来讲也是比较长的。就这样，这条街因为暑袜的名气高就被命名为"暑袜街"。

到了清朝末期，手工制作的暑袜因为机织洋袜的入境而大受冲击，这条街的暑袜店因为经受不住冲击荡然无存。当时，暑袜街一度被叫做水花街。一种说法是因为谐音，还有一种说法是位于此街附近的三义庙内的一口井，因为井内常冒水花，所以被称之为水花街。但是，现在这条街还是叫做暑袜街。

暑袜街上的邮局有着怎样的历史？

在明清时期，人们一提到暑袜街，首先想到的就是暑袜店，因为这是暑袜街的标志。可惜，暑袜街上的暑袜店已经不复存在，消失在了岁月的烟云之中。那么，现在还有什么能够作为暑袜街的标志呢？那便是位于暑袜北一街上的邮局了。

这是一座中西两种建筑风格兼备的老建筑，红瓦灰砖、圆门方窗，小楼正中有着三个微微泛白的红字：邮电局。邮电局外部朴素，并且带着一股浓郁的异域气息。一眼望去，就会让人觉得它是有故事的、有历史的。

在光绪二十七年，即1901年，成都的第一个国家邮政局正式成立，而邮政局的指挥中心位于暑袜北一街。令人不解的是，邮政总局竟然会遭受两次大火的焚烧，而这两次事件就促成了建于1937年的新邮政大楼。

1932年，新邮政局楼房的建设由加拿大建筑师莫理逊和叶荣清负责。他们所选的材料都是经过精挑细选出来的，很多都是远道运来。在建造的过程中，出现了两件特别有意思的设计。第一件就是建造人叶荣清按照他家乡的特点给卧室设计了壁炉。第二件事情更为奇特，他们在厕所内竟然安装了抽水马桶，这在当时可相当先进了。

老邮电局

而现在的新邮局是在1999年老局房的原址上重建的，重建之后的邮局营业厅的面积是原先的五倍，而且现在的邮政业务台席实行的都是一台清服务，用户在办理业务的时候不必再跑来跑去。

这就是暑袜街上邮局的历史了，岁月匆匆流逝，老邮局自建成开始到现在一直都是暑袜街的标志性建筑，在人们日常生活中依然发挥着重要作用。

老马路真的是抗战时期难民修建的吗？

成都老马路位于武侯区望江路街道老马路社区，它的北边是府南河，东边是九眼桥。那么您知道老马路是怎么修建而成的吗？

老马路原来只是成都郊区田野间的一条土路，可以通往太平南街。抗日战争爆发之后，国内大量的难民涌到这里，在此地购地建房，但是到解放前夕这里还是居民少、菜圃多。直到1960年左右，一环路修建完成，这里的情况才开始改变，逐渐形成居民区。

上述便是老马路的形成过程。而现在的老马路交通方便，很多公交车都会经过这里。这里的服务完善，街道上有中国人民财产保险公司、

工商局、农业投资公司、维多利亚女子医院、望江派出所等单位。在它的周围还有文化氛围浓郁的音乐广场。在它的南边有一条酒吧街,吸引了很多来自不同地方的游客。老马路社区成立了居委会,经常组织群众开展各种文化活动,开办了老马路社区老年协会,现在已经有成员300多名,其中包括合唱队、广场舞队等各种文体队伍,丰富了老年人的文化生活。

致民路其名有何含义?

致民路位于成都市武侯区,在新南门车站和九眼桥之间,合江亭也在它的附近。那么它是何时修建?而它的名字又有什么特殊的含义吗?

在民国二十七年,即1938年,成都当时开辟了新南门,之后就开始兴建此路,并将它命名为致民路,取"致民以治"之意。

当时,因为抗日战争的爆发,很多难民都涌到了这个地方。成都的领导为了妥善安置难民,就决定在这里建设一个新村。这个新村初步规划为六条街道,决定用两位数字依次命名,即现在的十一街、十二街、十三街(十三街后来因为四川交通局在这里建设四川客车站而被取消)、十四街、十五街、十六街,这些街道从东到西依次贯穿了致民路、龙江路、新生路这三条平行的主干道。这些街道建设完成之后开始建设新村,就这样,"致民以治",终于将这些难民安置妥善了。

金陵大学现在还在金陵路吗?

金陵大学,原本为私立教会大学,由美国基督教会卫斯理会在中国创办,它的前身是南京的汇文学院。1907年,美国基督会于1891年创立的基督书院与美国长老会于1894年创立的益智书院合并为宏育书院。1910年,又将宏育书院并入汇文学院,成立了私立的金陵大学。当时的金陵大学有"江东之雄"的称号。那么,金陵大学跟成都的金陵路有什么关系呢?

1937年,抗日战争已经全面爆发。金陵大学为避战乱将学校迁到成都的金陵路上。当时的金陵路还是一片菜圃之地,金陵大学在此设立之后才逐渐形成街道。当时,此地可谓是风云人物聚集,如著名中文系教授程千帆,史学大师蒙文通、陈寅恪等。现在金陵大学已经迁回南京,金陵路的旧址上现为一所小学。所以说,金陵大学是在金陵路上存在过的。

金陵路

当年的金陵大学现已成为南京大学。它先是于1951年金陵大学与金陵女子大学合并为公立金陵大学。之后在1952年,经过院系调整,金陵大学与南京大学合并为新的南京大学。现在,南京大学已经从四牌楼迁到了大鼓楼岗。

水碾河是一条街道还是一条河?

水碾河,人们肯定认为这是一条河,但事实并不是这样,水碾河只是成都的一条街道,就是这个地方,有许多令人称道的故事。

水碾河,位于成都市蜀都大道东风路二段与一环路东三、四段交汇地带。它一部分属于锦江区,一部分属于成华区。它周围有很多标志性建筑物,比如成都饭店、中国电信以及富士大厦等。

那么,水碾河是如何被命名的呢?相传,在清朝同治年间,当时的水碾河还是一处村野之地。位于双林盘附近的河沟上,村民将一座水碾安置在这里,用它来打米、磨面。而水碾正是处于布坝子与龙潭寺之间的一条乡间小道上，随着时间的慢慢推移，人们便将这里命名为水碾河了。

现在的水碾河经过20世纪50年代东郊工业区的兴建，已经面貌全新，高楼大厦，商业繁华，而且从50年代开始已经得过很多次"第一"。

水碾河路的十字路口，有一座高达10米、重4吨的雕像，这座雕像是为了纪念身为东郊"建设者"的普通劳动者，每当人们从这里经过的时候都可以看到。在市区的繁华地带为劳动者树碑立传，在成都市是第一次。

当初，水碾河还有一个"第一"引起了很大的反响。就是成都市的第一个收费厕所在水碾河出现。当时，人们觉得这件事情特别新鲜，纷纷前来观看，甚至有很多比较远的市民也会来凑个热闹。据老成都市民说，这个厕所由青砖白瓷建成，在当时看来非常好，而且厕所内种有花草，所以厕所里的气味不会出现特别难闻的情况。这里还有专门管理厕所的人员，将厕所的卫生打扫得很好。所有掏钱去上厕所的人都对它赞不绝口。

建于1984年的成都饭店，属于水碾路的又一个"第一"。当时，成都饭店是成都市最高的地标性建筑，许多来成都游玩的旅客都选择来成都饭店吃饭以及住宿。更有意思的是，成都饭店在位于宾馆大堂前方接近一环路的位置摆了一排专卖小吃。很多市民发现，在成都饭店内就餐的很多消费者都是买这些价格便宜又有风味的小吃。借这个机会，人们还可以顺便在成都饭店观看一下，开开眼界。

欢喜街跟乾隆皇帝有何关系？

欢喜街是成都北门出驷马桥、洪家坡到昭觉寺的一段路。这段路鲜为人知，连许多成都的本地人都不知道它的所在。但其实，它可是大有来头的。

据说，乾隆年间，有一个叫周湘全的举人进京赶考，结果连考两科都名落孙山。于是心灰意冷，觉得此生与仕途无缘，就不想再考了。但是又觉得无颜回家，就在京城住了下来，靠给人算卦为生。摊前挂一副对联："两只怪眼，善观平生祸福；一张铁嘴，能断未来吉凶。"

一天，一个极有气度的人来到摊前，要他算一卦。周湘全一看来人仪表非凡，就知道非富即贵，待这人摇了卦之后，大吃一惊，按照这卦象显示，此人竟然是当朝天子。

那人问道："你可知我是谁啊？"

周湘全附耳低言："贵人是星显紫微，贵在九五。"

话音刚落，那人就说身上没有带银子，匆匆离去。周湘全也不敢多问，就赶紧收了摊。

第二天，他刚把摊子摆好，这人又来了，说是来送昨天看相的银子。他对周湘全说："我是京城里放官债的。前不久，四川总督离京赴任的时候借了我五千两银子。我现在写信向他讨要。借据就在这里。你到成都去把这笔债收回来，就当作昨天看相的银子钱了。不过，这信在路上千万不要打开，到了成都再拆。"

周湘全一听，欢喜得心怦怦跳。五千两银子啊，足够他这辈子花的了。他立马接过信，收了摊，回去就收拾东西，雇了一辆马车就往成都赶。一路上，周湘全谨守诺言，没有拆信。两个多月后，终于到了成都。进城的时候，只见路的两旁兵勇三步一岗，五步一哨，戒备非常森严。他以为出了什么事，就走上去打听，结果人们告诉他，这是为迎接京城来的新任总督，前任总督几天前调走了。

周湘全听说总督调走了，眼看着五千两银子没处寻，气得直跺脚，当时就把手里那封信拆开了。结果他一看就呆了，这哪是什么讨债信，而是一封委任状。上面是乾隆皇帝的御笔，委任他为四川总督，赏二品顶戴，信上面盖着鲜红的玉玺大印。

原来，给他信的人是乾隆皇帝。乾隆皇帝那天微服私访，看到周湘全是个人才，就想把他抬举起来，为朝廷出力。因此就直接给了他一个大官做。

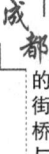

周湘全顿时精神大振,雄赳赳地到接官台前喝道:"本总督在此,还不快快迎接!"众官验看了文书,确认身份之后,当即行礼,然后大吹大擂地把他迎进了总督衙门。

当天晚上,衙门里准备了宴席,给周湘全接风洗尘。众人喝了整整一夜,直到天明才散去,一个个都酩酊大醉。周湘全志得意满,心想:自己连考两科都不中,谁知现在白捡了一个总督,真是人生无常啊。想着想着,就得意地放声大笑,笑累了,倒头就睡。第二天日上三竿,还不见起来。仆人去看他,发现他已经死了。于是四川的官员赶紧给乾隆上奏折,备述所发生的事情。

乾隆接到奏折后,感叹道,周湘全平步青云,是大喜,却又在大笑中死去,真是乐极生悲啊。于是降旨厚葬周湘全,还在成都北门外给他修一祠供奉,取名叫"欢喜庵"。而"欢喜庵"前的这段路,就成了欢喜街了。

现在,在成都的地图上,这条路的官方名称标的是昭觉寺南路。

昭觉寺南路上的动物园

君平街是以谁的名字命名的?

西汉时期有一位著名的思想家叫严遵。住在成都的一条街上,以占卜看相为生。每天看相赚够100个铜钱,就收摊回去,著书立说,传承道家文化。他最推崇老子的《道德经》,讲究清静无为,不追求物质享受。

严遵善于见微知著。据说他在扬州做官的时候,有一次在路边看见一个女人在哭，就上前询问，那女人说，家里失火，丈夫被火烧死了，所以她十分伤心。但严遵听她的哭声里，并没有真正的悲伤。因此觉得这事必有蹊跷，就命人把女人丈夫的尸首运回衙门。并对手下人说，好好看着这具尸体，肯定有事发生。

果然，第二天，尸体开始散发味道的时候，来了一群苍蝇，不停地围着尸体的头部飞舞。严遵命令仵作细查，结果就在死者的头部发现了一个洞。显然是被人用利器击打的。他马上派人把那个女人抓来审问，最终查出真相，原来死者不是被烧死的，而是这女人怕奸情败露，与奸夫一起害死了自己的丈夫。

严遵按照道家学说的指导，活了90多岁，一生都在宣扬老子的学说。他著的《老子指归》一书，使老子的道家学说更加系统化，也更便于人们接受学习。

由于严遵先生字君平，因此人们把他所住的街道改名叫君平街，以作纪念。

支矶石街的石头是天上的支矶石吗？

成都有一条街，名叫支矶石街。它得名于一块神秘的石头。

据《蜀中广记·严遵传》记载，西汉时期著名的外交家张骞受命出使西域，历尽千辛万苦走到了一条大河的尽头。回来以后，带了一块天石给严君平，请他鉴别。严君平拿着石头，翻来覆去看了几遍，说："去年8月，我看天象，有客星侵犯牛郎星织女星，难道就是这块石头？如果真是它，那它可是天上织女的支矶石

支矶石街

啊！"

张骞听了，吃了一惊，说："我当时顺着河走到了尽头，见到一名女子在织锦，一名男子在放牛。我问他们此处是什么地方，女的说这里不是人间，然后指着这块石头说，你把这块石头带回去，问西蜀的严君平，他会告诉你到了什么地方。所以我就带回了这块石头来找你。"

严君平喃喃自语道："怪不得我去年看见客星侵犯牛郎织女星时感觉就很奇怪，原来是你到达天上的日子。"他指着张骞说，"你已经到了太阳和月亮的旁边了！"

这个传说在晋代张华的《博物志》里也有记载。但很显然，张骞并没有到达所谓的天宫，也不可能到月亮与太阳旁边，更没有见过牛郎织女。经考古学家研究，他所带的这块石头，是当时西蜀的原始部落为了祭祀而在某个特殊场所立起来的一块大石头，在史学界通称为"大石遗迹"。之前，这块石头一直放在支矶石街，现存放在青羊宫的文化公园里。

牌坊巷的背后有什么来历？

成都的牌坊巷是皇城与满城之间一条很不起眼的小巷子。但是，巷子虽小，来头却大。说起来，是当时的四川总督修建的。

光绪年间，四川总督锡良接自己的老母亲到总督府安享晚年，不料路途遥远，蜀道艰难，老夫人经不起颠簸，一到成都就病倒了。锡良马上叫来大夫为老母治病，可是一连找了几个有名的大夫，都没能查出病因。

锡良是个大孝子，看着母亲的病情越来越严重，心急如焚，恨不能替母生病。这时他的一个属下建议，干脆张榜招医，重赏之下必有良医。于是，锡良派人在城内四处张贴出告示，寻找良医。

告示贴出去几天后，一直无人揭榜。俗话说，没有金刚钻，就别揽瓷器活，万一病治不好，医药费无所谓，说不定小命就难保了。到了第四天，一个挑着担走街串巷卖花生胡豆的老头揭下了告示。于是他立马被八抬大轿请进了总督府。

锡良一看，是个不起眼的糟老头，心里就凉了半截，问他能不能为老夫人看病。老头说，只要相信他，就能治好病。

老头一阵悬丝吊脉，接着眉头紧锁，锡良在旁边观察着他的表情，迫不及待地问他病情如何？老头长叹一声说："老夫人的病重啊！"

一句话把锡良说得心凉了。老头又说："不过大人如果舍得三百两银子，我倒是能开个方子。"锡良虽然觉得三百两银子有点多，但还是点头答应了，当即拿出三百两银子。老头接过银子，就给他开了几种简单的中草药。

锡良质疑道："这药管用吗？之前几位大夫，开的都是名贵药。"

老头不容置疑地说："这一剂药吃下，管保老夫人的病能好一半。"然后把银子装入担子，挑着走了。

锡良将信将疑，派人按着方子抓了药，然后煎好，给老太太喝。不想老头的药还真神，老太太只喝了半碗，头也不痛了，胸也不闷了，气也顺了，果然好了一半。锡良又赶紧派人把老头请回来，继续诊治。但是这次老头要得更多："六百两。"锡良二话不说，就给了他六百两银子。老头开完方子又走了。锡良按照他的方子给母亲抓药，果然，两天后，老夫人的身体就痊愈了。

锡良大喜，立即亲自去找老头，准备向他致谢。

来到老头的屋前，发现老头人不在，屋门紧锁。邻居说，老头背包打伞已经走两天了。锡良命人打开房门，发现桌上放着九百两银子和一封书信。信上写着——总督大人钧鉴：令堂大人原本长途跋涉，感冒风寒，南北饮食失调，发恚时滥用补药，遂使病情加重。早欲动心诊治，为老夫人解除病痛，唯恐说不清道不明，再生是非。如不重金索取，又怕大人不信，故两次索取重金，现璧还。人怕出名猪怕壮，因治好了老夫人病，恐招来不测，芙蓉城虽美，但已经不是我安身之所了，三十六计走为上。如累总督垂爱，这九百两银子就用来修一座牌坊，就叫无名牌坊，让天下人都来做无名人无名事。

锡良看完信后，深为老头的义举所感动，于是就按照老头所说，在皇城与满城之间的东城根街修了一座牌坊，给牌坊所在的小巷取名叫"牌坊巷"，以彰显老人家的恩德。

万里桥的故事

成都万里桥就是现在成都市的南门大桥。它是一座古桥，相传在三国时，诸葛亮派遣费祎出使吴国，费祎临行时，诸葛亮在此为他设宴饯行。费祎知道这次出使任务重大，关系着吴、蜀两国的前途，因此长叹一声道，"万里之行，始于此桥"。由此，后人称此桥为"万里桥"。

万里桥

据说这座桥是李冰所建。李冰是古代著名的水利工程和桥梁设计师，都江堰就是他主持建造的。当时他为了对应天上的北斗七星，就在成都城外的府南河上修建了七座桥，此桥为七座桥之首，名为"长星桥"。因为桥南有一个名为"笃泉"的湖，因此又名"笃泉桥"。

万里桥自秦代修建，一直到清朝，其间经历了一千多年的时间。由于历朝历代都很重视修桥，所以万里桥始终保存完好。康熙年间，四川巡抚张德地带领官民募捐，修复了万里桥，并且在桥边立了"万里桥"石碑，上刻"武侯饯费祎处"。光绪年间，当地官员再次对万里桥进行了修复。可惜，由于城市化的速度太快，万里桥被拆。人们只能从昔日的照片里去寻觅这座前年古桥了。

在成都，万里桥一直都是文人骚客的吟咏对象。且来看众多诗人们的佳句。

诗圣杜甫："西山白雪三城戍，南浦清江万里桥。"

刘禹锡："凭寄狂夫书一纸，信在成都万里桥。"

才女薛涛："万里桥头独越吟，知凭文字写愁心。"

诗人陆游的最多："成都城南万里桥，芦根苹末风萧萧。映花辗草钿车小，驻坡蓦涧青骢骄。入门翠径绝窈窕，临水飞观何岧峣。""万里桥边带夕阳，隔江渔市似清湘。"连他离开成都的最后一首诗也是写万里桥的："万里桥边白版扉，三年高卧谢尘鞿。半窗竹影棋僧去，满棹苹风钓伴归。"万里桥几乎成了成都在文人们心中的象征。

老成都的地名

神仙树之前真的有神仙居住过吗？

神仙树，分为神仙南路和神仙北路，位于成都市武侯区。据说，以前它并不叫神仙树，而是寿仙场，神仙树是之后更改的。那您知道是什么原因把寿仙场改名为神仙树的吗？难道真的是有神仙在此居住过？

神仙树的由来有两种说法，第一种是民间传说。相传，当年神仙树还是名为寿仙场的时候，这里曾经有一座寺庙，很是冷清，很少有老百姓来烧香拜佛。在这座寺庙里有一株已经死了很多年的老黄桷树，忽然有一天，奇迹般地又活了过来，生根发芽，且在它的树洞里出现了非常清澈的水。这件事经过寺庙中的和尚宣传之后，被当地的百姓知道了，以为是黄桷大仙显灵，于是将这棵树叫做"神仙树"。后来，这座寺庙就变得香火鼎盛，每天来拜神仙树的百姓络绎不绝。久而久之，寿仙场也因为这棵"神仙树"而更名为神仙树了。

神仙路南路

另一种说法是根据《华阳县志》记载中所说，神仙树原本是叫做寿仙场的，在很久以前这里有一棵黄桷树，枝叶茂盛，在夏天很适合人们在树下乘凉。到了明朝，一天，有一个农民来到这里放水灌溉庄稼，因为天气炎热，便到这棵树下乘凉。当时有两个白胡子老头在此下棋，于是他就在旁边观看。三局之后，忽然间天色暗了下来，狂风大作，飞沙走石，于是他就赶紧往家跑。令人诧异的是，等他回家之后却发现一个人都不认识，而且房屋也由草屋变成了瓦房。之后经过核对家谱，才发现时间竟然已经过了一百年。这个时候，他才明白自己碰到神仙了。为了感激仙人，他每年都会到那棵树下拜祭，于是人们就将那棵树命名为"神仙树"了，这条街也因此被命名为"神仙树街"。

这就是神仙树的由来了。据老一辈成都人说，神仙树以前有很多大树，总是一副郁郁葱葱的景象。在它的旁边有一座元通桥，河边就是一棵黄桷树，这棵树就是大名鼎鼎的神仙树了。而现在的神仙树街随着成都的飞速发展，大树已经变成大楼，元通桥不复存在，连标志着神仙树这个地名的"神仙树"也消失在历史的长河中，庆幸的是这个地名依旧保存了下来，可以让老成都人怀念从前。

石羊场的命名真与羊有关吗？

石羊场位于成都市南郊，距离市区仅仅七公里，属于成都高新技术产业开发区的核心地带。由于地质原因，石羊场比较适合种植旱地农作物。因为这里气候温和、雨量充足、四季分明，所以农作物的生长趋势都特别好。

据史料记载，在清朝末年的时候，石羊场当时被称作石羊大保镇，归华阳县管辖。到了1937年将名字更改为石羊乡，直到1982年才被改成石羊场乡。

据说，石羊场的命名跟"羊"有关，但是这头"羊"并不是真羊，而是一头石羊。相传，清康熙年间，在石羊场内存有一座关帝庙，很是兴盛，每天来此上香的百姓络绎不绝。在这座寺庙之中，有一头石羊。这头石羊是用一整块石头雕刻而成的，颜色为灰红色，其大小跟真羊几乎相同，长160厘米，高80厘米。它的皮毛成卷状，做工极其精致细腻。它的羊头稍微向右侧视，神色极为传神。时光如箭，日月如梭，随着时间的慢慢流逝，关帝庙消失在岁月的长河中，庆幸的是这头石羊竟被完整保存下来，现在收藏在四川的某个博物馆中。而石羊场就是因为这头石羊而被命名的。

民间还有一种说法，在关帝庙中的石羊是一头母羊，除此之外，其实还有一头公羊存在，只是这头公羊下落不明，不被人们所知而已。时间到20世纪80年代，一群在河边玩耍的小孩发现了一只石羊。当人们把它打捞上来之后，发现与当年关帝庙中的石羊惊人地相似，可惜的是，人们并没有将它交给相关部门，而是把它放置到了石羊公社的院子里。后来因为无人看管，石羊又消失了。

为何说石羊场的"药"吃不得？

在石羊场，有一句非常出名的歇后语，"三瓦窑的'锣'（罗），敲不得；石羊场的'药'（岳），吃不得。"因为当地的口音问题，常常会使一些外地人产生一些小小的误会，他们有的时候不禁要问为什么石羊场的"药"吃不得呢？其实，这里所说的"药"是指石羊场的"岳"姓。原来，在石羊场这个地方，姓岳的人口特别多，俨然就是当地的一个强大家族，所以在这里是绝对不能惹他们的，这就是为什么石羊场的"药"吃不得的原因了。

据岳氏家族的老人说，他们家族的先祖其实是赫赫有名的宋朝抗金名将岳飞。他们的族谱上详细记录了当年他们的先人是如何抗击金人，之后从河南汤阴南下，过了悠悠数百年，历经几十代，最终在此定居的故事。可能就是因为石羊场的岳姓家族真的是岳飞的后人，遗传了岳家军的基因，所以经常有人说他们身上有着忠义、百折不挠、勇于牺牲的无畏品质。

高笋塘的命名有着怎样的感人故事？

高笋塘，位于成都北二环与解放路十字路口，成都荷花池以及成都北站东侧，在它北边200米的地方就是著名的驷马桥，再往北就是昭觉寺，它是从古蜀出川到陕西的必经之路。

据说，高笋塘的命名有着非常感人的故事。有两种说法，第一种是出自一个典故。说的是古时候有一个男孩名为崔沔，在他很小的时候父亲就去世了，他的母亲又患有眼疾。这个男孩长大之后当上了大官，经常回家看望母亲，回家之后都会将自己在路上顺手采摘的高笋做给母亲吃。后来，他母亲去世，崔沔每年清明的时候都会记得给母亲送上一份高笋。就是因为那如同白玉般的高笋代表了崔沔的一片孝心，所以人们为了纪念他，就把这个地方命名为"高笋塘"。

高笋塘广场

而另一种说法是一个传说。相传，在古时候有个男孩幼年丧父，是他的母亲辛辛苦苦将他抚养成人。在他的成长过程中，他的母亲一直希望他能够成材。苍天不负有心人，经过他的努力，终于高中状元。当他衣锦还乡的时候，他的母亲依旧住在茅草屋里，为了报答母亲对他的养育之恩，他就在屋后弄了一块很大的石塘，在里边种满了母亲最喜欢吃的高笋。这个故事被世人所传颂，而高笋塘也因此而得名。

红牌楼是为藏族人修建的吗？

红牌楼，位于成都市区西南方向，属于武侯区管辖范围。它东临高新区，西滨清水河，北边是双南街道，南边便是簇锦、华兴、晋阳等街道。

据说，红牌楼就是为了藏族人而修建的。根据《华阳县志》记载，"红牌楼堡距县南十里，明嘉靖中蜀王于此建坊，名曰红牌坊"。相传，在当时的红牌楼场镇，共有两处牌坊，它们分别位于此地的南北街头。由于藏族给蜀王进贡的时候会路过这里，并且这里经常会有藏族人做生意，蜀王为了表示对他们的尊重和欢迎，就按照藏族的风俗习惯将这两处牌坊涂成红色，并在牌坊间设了三道龙门，门柱上雕刻了栩栩如生的龙凤图案，龙门的中间可以过马车、轿子，两边就可以过行人。在这条街上，房屋以及街面都是红色的。街的南头，有一个祠堂，名为"红恩祠"，进去之后可以发现，里面也有一排红楼。所以，这条街就被称作"红牌楼"了。这条街极具代表性，因为它实在是太醒目了。不仅如此，它也是汉族与藏族人民团结和睦的一个象征。

可惜的是，这么一个极具特色以及民族意义的建筑群，历经风雨不知什么时候塌毁了，但是它会永远存在于人们的心中。

洗马池与洗墨池是同一地方吗？

据《成都通览》记载，在清朝末期的时候，成都比较出名的池塘共有三十一处，其中就包括洗马池以及洗墨池，所以洗马池和洗墨池并不是同一个地方。

洗马池和洗墨池，一个位于成都的东南方向，一个位于成都的西北方向。洗马池在三国战将赵云的旧宅之中，传说每当赵云征战归来之后，就会在洗马池中为他的战马洗澡。而洗墨池是在西汉文学家扬雄的故宅之中，相传每当扬雄写完文章之后，就

洗马池遗址

会到洗墨池中将他的墨宝洗干净。洗马池和洗墨池，分别对应的是三国战将赵云以及西汉文学家扬雄，可谓一武一文，跟他们的位置一样，遥相呼应，就好似成都这座古城中的双子星座。

洗马池位于今天的和平街，因为成都人习惯将"池"叫做塘，所以洗马池又叫做"子龙塘"，而和平街最早的时候就叫做"子龙塘街"。

因为扬雄字子云，所以扬雄的故宅又被称作"子云亭"。而位于其中的洗墨池，本来是为了修筑城墙挖土所用，后来慢慢地形成池塘，并被命名为"洗墨池"。相传，曾经有一条青龙落到洗墨池中，因此扬雄故宅所在街道被命名为"青龙街"。

子龙与扬雄，洗马池与洗墨池，虽然古人已去，池塘也已经消失，但是这段美丽的历史将永远留在人们心中。

被誉为"成都版清明上河图"的地方是哪里？

清明上河图，中国十大传世名画之一，北宋画家张择端作品。在其五米多长的画卷中，绘画了814个不同类型的人物，73匹牛、骡子、驴等牲畜，20多辆马车、轿子、29艘船只，还有许许多多能够体现宋代建筑特征的房屋、桥梁、城楼等建筑。现属国宝级文物，收藏于北京故宫博物院。

锦里

那您知道成都有一处号称"成都版清明上河图"的地方吗？这个地方就是锦里。锦里，位于成都市武侯区，与浆洗街、洗面桥街相邻，在成都一环路内，西接一环路西一段，与著名的武侯祠景区仅仅只有一墙之隔。

那么锦里的名称是如何命名的呢？据《华阳国志》记载，"州夺郡文学为州学，郡更于夷里桥南岸道东边起起文学，有女墙，其道西城，故锦宫也。锦工织锦，濯其中则鲜明，他江则不好，故命曰锦里也。"这就是"锦里"命名的由来了。

锦里，号称成都版清明上河图。相传，在西蜀时期，锦里就是蜀郡中极具历史感以及商业气息的街道之一。在秦汉、三国时期就已经被人们所熟知，闻名全国。如今，人们在这里可以体验到三国文化与成都民俗并存的魅力街区，因为锦里依托成都武侯祠，以川西的风俗习惯做内容，很大程度上扩大了三国文化的浓郁气息。

锦里在2005年被评为"全国十大城市商业步行街"之一，与很多老牌的知名街道齐名，被誉为"西蜀第一街"。这里有茶楼、酒吧、客栈、风味小吃、土特产、工艺品等，其独特的三国文化以及四川风俗的独特气息总是令人流连忘返。来到成都游玩的人们可以到这里感受一下："拜武侯，泡锦里"。

清八旗子弟为何会驻扎在成都的宽窄巷子中？

"宽窄巷子"是成都市三大历史文化保护区之一，与大慈寺、文殊院并列。它由宽巷子、窄巷子、井巷子三条街道以及周围的四合院群组合而成。宽窄巷子是成都这座既有古老韵味又具年轻气息城市的缩影，人们来到这里，可以领略到两种截然相反却并不矛盾的感受。

相传，在清朝时期，宽窄巷子是由清八旗子弟驻扎的。那么，清八旗子弟为什么会驻扎在宽窄巷子中呢？

康熙五十七年（1718年），三千名八旗子弟兵被派往西藏镇压准噶尔部落的叛乱。在平息叛乱后，四川总督向朝廷申请留下一千八旗子弟守卫成都。朝廷批准之后，四川总督便将少城作为营地拨给清兵，其后在此修建了四十二条巷子，而宽窄巷子便位列其中。这就是为什么满清八旗子弟驻扎在宽窄巷子的由来了。

2003年，成都当局对宽窄巷子历史文化区进行了全面改造。这场工程并不是要把宽窄胡同推倒重建，而是以保护老成都的历史风貌进行的修补措施。

宽窄巷子在改造之前只是具备单一的居住功能，而现在的宽窄巷子已经向着"文化、商业、旅游"为核心的功能转变，将院落文化一共分为三个主题。其中，宽巷子代表的是"休闲生活"区，窄巷

宽窄巷子

子代表的是"慢生活"区，而井巷子代表的是"新生活"区。

时光匆匆流逝，具有三百多年历史的宽窄巷子还存在着。从八旗子弟的入驻，到现在成都政府对它的修复与打造，宽窄巷子装载着厚重的故事，仍然存在于人们的心中。

成都的饮食文化

成都的美食是天下闻名的。川菜是我国"八大菜系"之一，以辣为主。著名的川菜品牌有宫保鸡丁、麻婆豆腐、东坡肘子、鱼香肉丝等。这些菜品在调味上通过豆瓣酱、辣椒、胡椒等的调配，幻化出麻辣、酸辣、麻酱、糖醋等各种风味。当然，作为主要调味品的郫县豆瓣功不可没。

除了川菜，成都的小吃也是闻名遐迩的。麻辣烫席卷全国，担担面、赖汤圆、钟水饺等都是成都的知名小吃。许多人不远千里来到成都，就是为了一饱口福。

成都的独特美食

川菜为何会成为我国八大菜系之一？

菜系，也称"帮菜"，是指具有鲜明的地方风味特色，在选料、切配、烹饪等技艺方面，经长期演变而自成体系，并为社会所公认的中国饮食的菜肴流派。中国汉族饮食文化的菜系，是指在一定区域内，由于气候、地理、历史、物产及饮食风俗的不同，经过漫长历史演变而形成的整套自成体系的烹饪技艺和风味，并被全国各地所承认的地方菜肴。

清代初期时，便有鲁菜、苏菜、粤菜、川菜，并被称作"四大菜系"，加上四大菜系在清末分化成的浙菜、闽菜、湘菜、徽菜四大新地方菜系，共同构成中国汉族饮食的"八大菜系"。

川菜

川菜之所以成为"八大菜系"之一，其主要原因是调味多变，菜式多样，口味清鲜醇浓并重，善用麻辣。川菜在调味上通过对辣椒、胡椒、花椒、豆瓣酱等主要调味品的不同配比，幻化出了麻辣、酸辣、椒麻、麻酱、蒜泥、芥末、红油、糖醋、鱼香、怪味等各种味型，具有"一菜一格""百菜百味"的特殊风味。并且川菜在色、香、味、形上兼有南北之长，口味上有"多、广、厚"的特点，历来有七味（甜、酸、麻、辣、苦、香、咸），八滋（干烧、酸、辣、鱼香、干煸、怪味、椒麻、红油）之说，在国际上享有"食在中国，味在四川"的美誉。我们日常生活中常吃的如东坡肘子、干烧桂鱼、鱼香肉丝、宫保鸡丁、粉蒸牛肉、麻婆豆腐、干煸牛肉丝、夫妻肺片、担担面、龙抄手等都属于川菜。

如此有群众基础且明显区别于其他各菜系的风味，自然成就了川菜在中国"八大菜系"之中的重要地位。

川菜中都有哪些派系？

现在的川菜主要有三大派系，它们分别是"上河帮""下河帮"以及"小河帮"。

上河帮是以成都和乐山为核心的蓉派菜系，口味相对清淡，我们所熟知的许多传统菜品都属于上河帮。上河帮讲究用料严格以传统经典菜谱为准，集中了川菜中的宫廷

毛血旺

菜、公馆菜之类的高档菜，旧时历来作为四川总督的官家菜。著名菜品有开水白菜、夫妻肺片、蚂蚁上树、蒜泥白肉等。

下河帮俗称江湖菜，以重庆、达州、南充为主，其大方粗犷、用料大胆、不拘泥于材料的特点使下河帮的菜品吃起来十分过瘾。其代表作有酸菜鱼、毛血旺、口水鸡。

小河帮也称盐帮菜，以自贡和内江为中心，其特点是大气、怪异、高端。我们所熟知的水煮系列的发源地就在小河帮，经由下河帮的推广最终发扬光大，成就了水煮鱼、水煮肉片等水煮系列精品川菜。

川菜中都有哪些经典口味？

川菜的味道十分丰富，号称"百菜百味"。当中最为经典的还要数鱼香、麻辣、辣子、陈皮、椒麻、怪味和酸辣味。

鱼香味的菜色暗红，甜、酸、辣都不突出，十分均衡。我们常吃的鱼香味菜品有鱼香肉丝、鱼香茄子等。麻辣味的特点则是色泽金红，辣中带麻，有轻微的甜酸，麻婆豆腐便是麻辣味道的典型代表。辣子味具有鲜辣中带有极微的甜酸味道，可制作我们熟知的辣子鸡丁等菜肴。陈皮味的菜品我们平常吃得不多，但它麻辣鲜香且带有陈皮芳香的特点使人回味无穷，陈皮鸡是它的代表之作。椒麻味的特点是麻香鲜咸，椒麻肚片值得一试。怪味的特点是集辣、麻、甜、酸、咸、鲜、香为一身，味觉层次非常丰富，可调制怪味鸡丁、怪味鸭片等。酸辣味可用于炒爆菜和用于烩菜，前者特点是酸辣而甜，后者酸辣爽口，通常用来烹制酸辣鱿鱼卷、酸辣汤等。

川菜自古以来就以辣为主么？

川菜带给我们的最直观印象首先是辣，不论是麻辣、酸辣还是椒辣，不论是水煮鱼、火锅还是串串香，都辣得人们涕泪横流，直呼过瘾。这不禁引人发问，作为号称有两千年历史源流的川菜，难道自古以来就是以辣为特点的么？

辣椒

其实，辣椒最早称"番椒"，原产于中拉丁美洲热带地区，明代时才传入中国。明代之前的四川连辣椒都没有，更不会有那么多辣味的菜肴了。事实上，乾隆年间的《醒园录》中记载了一些川菜，但是书中压根就没有提及辣椒，而四川人真正大规模种植辣椒与食用辣椒的年代已经是嘉庆朝之后的事情了。

虽然"辣"不是川菜自古以来的属性，但"麻"却是川菜贯之始终的特点。四川人早在汉代便有"尚滋味""好辛香",大量使用蜀姜、川花椒等调料调味的传统。因为自秦汉时期起,四川低洼闭塞的地理、人文环境,就足以让四川这个"天府之国"偏安于西南。所以四川人的饮食主要需要考虑两件大事:首先是健康问题,四川的地理环境要求四川人经常食用辛麻的食物以利于祛湿排毒。其次是贮藏食物的问题,四川的人文环境使富足的四川人少不了用辛麻的调料腌制储藏鱼肉,以便能使吃不完的鱼肉存得更久。四川当时的盛景可以从一千多年前西晋文学家左思的《蜀都赋》中窥得一斑:"金罍中坐,肴隔四陈,觞以清酊,鲜以紫鳞",也可从大诗人陆游"玉食峨眉木耳,金齑丙穴鱼"的诗句中细细品味。

火锅曾经被曹丕当做赏赐品么?

火锅是成都乃至全国范围内最常见不过的烹调方式了,来到成都的游客们少不了沿街找家最热闹的火锅店,要份麻辣锅底,点上涮菜,大家围锅而坐,随吃随涮,一起分享这些热气腾腾又麻辣过瘾的美味食物。

可是,咱们日常生活中常见的火锅,曾经是被当做赏赐奖赏给肱骨之臣的。

历史上就有这么一段记载,说曹丕在当太子的时候,就赏赐给自己的心腹大臣、宰相钟繇一口"五熟釜",也就是一口用五个格子分开的大锅。一般人可能就会觉得,一件日常生活器皿嘛,就和现代人送朋友一口电压力锅似的。但是再往下读,情况就发生变化了。因为曹丕在送钟繇五熟釜的同时,还附上了一封信,信的开头便写道:"昔有黄三鼎,周之九宝,咸以一体使调一味,岂若斯釜五味时芳?"这可不得了了,曹丕竟然把自己送的五熟釜比作周朝的九大国宝之一的黄三鼎,并且不仅如此,曹太子还强调黄三鼎如此价值连城却只能一次烹调一种口味的食物，而自己送的五熟釜却可以一次烹调五种俱全的食物，比黄三鼎强得多。后面曹太子还写道，用这口锅做饭是无上神圣的，因为在我眼中你就是圣贤，你用它做饭简直就是绝配。我送你这口锅的目的就是为了彰显你的美德，为你祈求富贵，让你名垂千古。这口锅无比珍贵，不是其他人想得到就可以得到的。现在我把这个精美的锅送给你，但我对你的赞美要远远超过这口锅。

以后再和朋友一起吃火锅的时候，你一定要给朋友们讲述这则故事，保证能够让大家把鲜美的食物吃得一干二净。但是，吃完蘑菇菌类火锅后的汤可不要喝，因为里面的嘌呤会对痛风患者有很大的影响。

"宫保鸡丁"与"宫爆鸡丁"谁是正宗？

宫保鸡丁，又称宫爆鸡丁，是川菜的经典名菜，由鸡脯肉、花生米、干辣椒等炒制而成。由于宫保鸡丁入口鲜甜香辣，鸡肉滑嫩可口，花生香脆而深受中外食客的喜爱。其实，这道菜最初的名字叫做"宫保鸡丁"，"宫爆鸡丁"则是误传。

宫保鸡丁

所谓宫保，就是明清时候的一类荣誉官衔，从高到低分为太师、少师、太傅、少傅、太保、少保、太子太师、太子少师、太子太傅、太子少傅、太子太保、太子少保，通称宫衔，都是正一品或者从一品的高级官职，是明清的皇帝专门赏赐或追认给对朝廷有极大贡献的官员的，很少有官员真正在活着的时候得到。

而这宫保鸡丁的来源就与清朝的一位太子太保有关，有着丰富的文化内涵，而绝非简单"爆炒"而来。

"宫保鸡丁"纪念的是哪位宫保？

宫保鸡丁的由来如之前所说，是与一位"宫保"有关，而这位宫保究竟是谁，现在最可信的说法是咸丰三年（1853年）进士，曾任四川总督的丁宝桢。

丁宝桢为官刚正不阿，任四川总督十年间，在许多方面都有建树，最终于光绪十一年（1885年）死在任上。皇帝为了表彰他的贡献，便追赠丁宝桢为"太子太保"。据传，丁宝桢对烹饪颇有研究，并喜欢吃鸡肉、大葱和花生米。他的厨子某日特意将这三样食材炒制一起，并加上辣椒、花椒等川味调料，给丁宝桢品尝。丁宝桢吃后自然大喜，并每当来人会客，都命厨子做这道菜让客人品尝。由于味道极好，这道原本丁家的私房菜逐渐广为流传。在丁宝桢死后，人们便将这道菜正式命名为"宫保鸡丁"以纪念丁宝桢。

时过境迁，很多人已经不知道"宫保"是什么，就联想到这道菜的烹调方法，把"宫保鸡丁"错误地理解为了"宫爆鸡丁"。

鱼香肉丝真的是刘禅带入中原的吗？

鱼香肉丝也是我们经常食用的一道经典川菜，具有肉丝鲜嫩、配料香脆、暖红柔和、色彩丰富的特点，且味道咸、甜、酸、辣兼备，可谓是一道传世的名菜。同样，鱼香肉丝具有很悠久的历史，并且通过前人的摸索，师徒代代相传而最终定型。相传，鱼香肉丝是三国末期刘禅降魏后带进中原的，距今已有两千多年的历史。

鱼香肉丝

另有一说为，1909年出版的《成都通览》收录了1328种川味菜肴，里面出现过许多我们现在众所周知的菜肴名称，却没有见到鱼香家族的踪影，里面最接近鱼香肉丝的是老菜泡椒肉丝。而鱼香肉丝这个名称，是抗战时期由身在重庆的蒋介石的厨师根据蒋介石的要求，在泡椒肉丝的基础上加入了江浙元素最终定名并流传至今的。

鱼香肉丝真是由剩菜翻炒而成的吗？

关于鱼香肉丝的来历，还有一个传说。

相传很久以前在四川有一户喜欢吃鱼的生意人家，既然喜欢吃鱼，也自然需要葱、姜、蒜、酒、醋、酱油等调料去除腥味。一天，这个家中的女主人为了不浪费配料，便以上次烧鱼时用剩的配料添加了一些肉丝进行翻炒。早已在桌边等待的丈夫迫不及待地夹起了刚上桌的菜放进嘴里，酸甜香脆的味道一下子刺激到了丈夫的味蕾，不一会儿，这盘由烧鱼的剩菜烹制的肉丝便被丈夫吃了个一干二净。当丈夫询问起这道菜的名字时，妻子便随口答道"鱼香肉丝"。

"夫妻肺片"里为什么没有肺？

夫妻肺片是来自成都的一项经典菜肴，因其色泽金红、麻辣鲜香、风味独特、生津开胃的特点，成为大小饭店必有的经典凉菜。而"夫妻肺片"被人们叫了这么多年，可为什么我们吃到的都是牛肚、牛舌、牛头皮等，而唯独没有牛肺呢？

相传在20世纪30年代，在成都市里有一对摆小摊的夫妇，男叫郭朝华，女叫张田政，由于夫妇俩凉拌出来的牛杂

夫妻肺片

色泽金红、麻辣鲜香、细嫩入味，再加上夫妇俩配合默契，所以在当地小有名气，生意也做得红红火火。之所以牛杂被称为"肺片"，是谐音当时牛杂的主要来源为回民丢弃的牛肚、牛舌、牛头皮等"废片"，可并没有牛肺。而这一传统代代相传下来，造成了今天人们只听说"夫妻肺片"，却吃不到肺的结果。

东坡肘子是如何歪打正着的？

东坡肘子是川菜的经典之作，具有色泽亮红、肥而不腻、粑而不烂、香气四溢的特点，配以酱油蘸食味道更佳，又因为肘子本身富有的胶原蛋白而被称为"美容食品"。但是它和"东坡肉"不同，"东坡肉"是苏东坡首创，并在杭州成名，而"东坡肘子"其实并非出自苏东坡之手，而是其妻子王弗歪打正着的结果。

东坡肘子

相传有一天，苏东坡的妻子王弗正在家炖肘子，眼看肘子马上就可以出锅了，谁料王弗因有事走开，回来后发现肘子已经发黄，粘在了锅上，王弗为了掩饰住肉皮的糊味，便连忙加进多种配料并继续细细烹煮。谁知这么一来，略带焦香的肘子味道出奇地好，苏东坡品尝之后连连称赞，并且自己也反复尝试，不仅留下了相关的记录，还大力向亲朋好友炫耀推广。于是，这略带焦香、香气四溢的肘子便被冠以"东坡肘子"的名号并得以传世。

麻婆豆腐真的是以"麻婆"命名的吗？

麻婆豆腐是四川地区汉族传统名菜之一，是川菜中的名品。原料以豆腐为主，其特色体现于"麻、辣、烫、香、酥、嫩、鲜、活"八字，行家称之为八字箴言,并且,麻婆豆腐也是川菜麻辣味的典型代表。

麻婆豆腐出现在清代同治初年(公元1862年),由当时成都市北郊万福桥一家名为"陈兴盛饭铺"的小饭店老板娘陈刘氏发明。因为陈刘氏的脸上有麻点,所以被当地人戏称为"陈麻婆",而她发明的烧豆腐也因此被称为"陈麻婆豆腐"。

在1909年成都通俗报社出版的《成都通览》上就已经出现"陈麻婆之豆腐",与包席馆、正兴园、赖汤圆等23家"成都之著名食品店"齐名。并且,《锦城竹枝词》《芙蓉话旧录》等书籍对陈麻婆与麻婆豆腐的历史都有一定提及。其中《锦城竹枝词》中有"麻婆陈氏尚传名,豆腐烘来味最精,万福桥边帘影动,合沽春酒醉先生"的生动记载。

回锅肉为何被称为川菜之王?

众所周知,川菜源远流长,博大精深,"一菜一格,百菜百味"。但要是论起哪道菜可以配得上"川菜之王"的美誉,而且还让其他一干佳肴心服口服,那加冕的一定是不偏不倚、中正温和、颇具王者风范并深受人民群众推崇的"回锅肉"。

回锅肉

回锅肉是川菜中烹调肉食的经典菜肴,四川的一些地区也称其为"熬锅肉"。在四川,家家户户都会制作回锅肉,甚至连评价媳妇的标准也是看她的回锅肉做得如何,可见回锅肉有着广泛的群众基础。回锅肉的历史也是源远流长,甚至可以追溯到千年以前。回锅肉的特点是取材简单,色泽亮红,正如这回锅肉的"回锅"二字。回锅肉的做法就是将肉进行二次烹调,所以回锅肉的香味非常浓郁,并且肉质肥而不腻。再加上川菜素以麻辣为主,味道火热奔放,而回锅肉以它憨厚温和的特点一枝独秀。

回锅肉作为一道传统川菜，既可以登大雅之堂，又可以进简陋厨房，所以说回锅肉被冠以"川菜之王"实属当之无愧。

水煮牛肉是谁发明的？

水煮牛肉是川菜中的名菜，一度红及大江南北。因为其中的牛肉片是在辣味的汤水中煮熟，故名"水煮牛肉"。水煮牛肉麻辣十足，肉片滑嫩，香味浓烈，兼具四川火锅的麻、辣、烫特点，吃起来十分过瘾，并于1981年被选入《中国菜谱》。

而水煮牛肉的发明者，正是厨艺界人人尊敬、人称"范三爷"的范吉安。

范吉安于1887年出生于四川南部的盐都自流井，自小贫寒，少年时期便外出做工。

水煮牛肉

清末民初，自流井盐业发达，官员显贵与商贾云集，以致宴请频繁。当地最有名的饭店叫做"兴发园"，因为"兴发园"拥有诸多具有高超烹饪技术的厨师，恰好为流落至此的范吉安提供了学习的契机。进园后的范吉安勤奋好学，谦虚谨慎，深得师傅的悉心教诲，烹饪技术与日俱增。

在烹饪实践中，范吉安深入研究各类食材的细微差别，甚至对于不同新鲜程度、不同肥瘦的同种食材，都各有对策，可谓是精益求精。而水煮牛肉便是范吉安不断尝试改进自老菜渗汤牛肉，并一跃成为佐酒伴饭、带有浓厚地方风味的上等佳肴。

建国后的范吉安曾三次荣获市先进工作者和劳动模范称号，并被选为二至六届市人大代表。他于1982年病逝，享年95岁。

灯影牛肉是由唐代著名诗人元稹命名的吗？

传说，唐代著名诗人元稹被贬至四川后，有一天傍晚到一家小酒店小酌解闷，只见下酒菜中的腌牛肉片薄如皮影，味道浓郁，便直呼再上一份"灯影牛肉"。

传说只是传说，实际上，灯影牛肉是一百多年前由一位刘姓商贩发明，后被附会在元稹身上的。

清光绪年间，一位姓刘的商贩辗转到达四川，并以做卤肉为生。但他发现自己制作的牛肉不好咀嚼，而且容易塞牙，便苦思冥想对策。后来刘氏发现，如果先选用大好牛腱子肉切成大薄片，且用香料腌渍入味后再上火烘烤，牛肉就会变得香酥美味，而且还能保证入口无渣。于是，他将自己开发的新品上市销售，卖时再给客人淋上些许香油，果不其然，刘氏的牛肉便大受好评，刘氏也因此而发家致富。后来，灯影牛肉随着人们的纷纷仿制，逐渐成为四川地区的一大特产。

蒜泥白肉具有很高的营养价值吗？

蒜泥白肉可是一道颇具源流的川菜，由"白肉"演化而来，早在宋代的《东京梦华录》和《都城纪胜》等书中就多有记载。白肉本来是北方的做法，由北向南再向西逐渐传入四川。

蒜泥白肉

"尚滋味"的四川人在白肉的基础上加以辣椒与蒜蓉调味，不仅增加了菜肴的香气，并且据科学研究表明，蒜泥白肉的营养价值也更高。

雪魔芋烧鸭

魔芋烧鸭是四川地区汉族的传统名菜，属于川菜系的一种。它由魔芋与鸭子烧制而成。这道菜色泽红亮，鸭肉肥酥，魔芋酥软细腻，辣而有香，极有滋味。可谓是色香味俱佳。

雪魔芋烧鸭

雪魔芋是峨眉山的一种特产，当地人把魔芋埋在峨眉山的白雪之下，冷冻一段时间，然后再将其解冻，自然干燥。经过白雪冻过的魔芋成海绵状，吃起来很像冻豆腐，将它切成块状，与肉类一起做菜，非常入味。雪魔芋烧鸭就是众多魔芋菜品里的精品。

做这道菜所需要的主材料是雪魔芋和鸭肉，调料则需要花椒、尖红辣椒、姜片、香叶、郫县豆瓣、酱油、盐胡椒粉等。

具体做法是：用清水将雪魔芋泡1个小时以上，然后挤干水分备用；将鸭子洗净后切成块，放入开水中煮半熟，捞起来备用；锅里的烧油7成热的时候，放入干花椒、尖红辣椒、姜片、香叶、郫县豆瓣炒香，再加入鸭块翻炒；然后加上半锅开水，放入雪魔芋、料酒大火烧开；再用文火小炖30分钟，加入酱油、盐胡椒粉调味；起锅时撒上香葱即可。

这样，美味可口的雪魔芋烧鸭就做成了。

成都的地道小吃

冒菜与麻辣烫有什么区别？

冒菜是成都特色小吃，就是将菜在用辣椒、中药和各种调料配出的卤料中煮熟。通常店家都会把每位客人点的菜装在不同的漏勺里，然后放到一大锅卤料中去煮，煮熟后放到碗里，再淋上蒜汁等预先调好的各种佐料，最后加上一勺汤汁，食客们将菜、汤汁与调料搅和均匀食用。其实冒菜有点类似于火锅，就是大家在同一个锅里煮食各自的菜。而麻辣烫的做法与冒菜大同小异，只是冒菜在其他地区有不同叫法而已，在成都一般人们都叫它冒菜，而重庆等地的人们更习惯于直呼它为麻辣烫。

冒菜

冒菜的起源可以追溯到群雄逐鹿的东汉末年。东汉末年战事连连，士兵征伐久后难免产生厌食以及情绪低迷等负面现象，严重影响部队的战斗力。谁的部队战斗力强大，谁才有可能在乱世中安身立命。为了防患于未然，军医们便在士兵的伙食中提前加入一些祛病的中药以及能提起人们胃口的调料，这类调料就是后世冒菜卤料的前身。辣椒传入中国后，迅速在西南地区得以普及，而加入辣椒的卤料更是香气四溢，堪称绝配。逐渐，冒菜便发展成为了今天的样子。

担担面缘何得名？

担担面是四川民间很有名气且颇具风味的一种小吃。担担面中的"担担"指的是扁担，因为最早的担担面是由小贩一头挑着锅，一头挑着面和现成的卤，走家串户沿街叫卖而得名。担担面色泽红亮，冬菜爽脆、麻酱浓香，麻辣酸味突出，鲜而不腻，辣而不燥，让人吃后淌着汗直呼过瘾。

担担面相传为1841年一个绰号叫做陈包包的自贡小贩创制，如今不仅红遍大江南北，连日本的不少拉面馆也有担担面供应。

宋嫂面的老家是哪里？

宋嫂面是成都的一种经典小吃，但是，宋嫂面的老家并不是在成都，甚至不在四川，那么，宋嫂面的老家在哪里呢？

原来，宋嫂面由北宋产生的宋嫂鱼羹演化而来，宋嫂鱼羹本身是一道淮扬菜，更准确的说法应该是属于杭帮菜，是北宋

宋嫂鱼羹

时期南下临安（今杭州）的汴梁人宋五嫂所创。宋五嫂来到临安后靠打渔为生，创作出这款将鳜鱼蒸熟，剔骨去皮，加上火腿丝等配料并以鸡汤熬制的鱼羹，兼具鸡汤的香浓与鳜鱼的鲜美。相传，乾隆当年游西湖时曾品尝过宋嫂鱼羹，并大加赞扬。

钟水饺与北方水饺有何区别？

钟水饺是四川成都的著名传统小吃之一。创始于光绪年间，得名因为创始人名叫钟少白，于1931年挂出"荔枝巷钟水饺"的招牌。钟水饺

以皮薄料精、味道鲜美、入口微甜而占据水饺界的一席之地。与北方水饺相比，钟水饺全部采用肉馅，而不添加其他菜料，食用前淋上特制红油，微甜带咸，兼有辛辣。

据说，制作钟水饺从不添加糖类，之所以吃起来会带有甜味，是因为钟水饺采用的是特制酱油的缘故。

馄饨在成都怎么吃？

起源于中国北方的馄饨历史悠久，被认为是饺子之母，在传遍全国后，各地还发展出不同的吃法，且入乡随俗地改了名：像广东叫"云吞"，江西叫"清汤"，湖北叫"包面"，而在成都，人们则习惯于把馄饨叫做"抄手"，吃法也不像其他地方那样连汤一起吃，而是煮熟后洒上红油，颇有四川人自古就有的"尚滋味""好辛香"的传统。

抄手

红油抄手是四川的著名小吃，它的馅料通常是纯肉制作，柔嫩鲜美，汤汁浓香。虽然现在全国各地都有售卖，但是如果想吃到最正宗的红油抄手，那么一定还是要去成都品尝一番。

赖汤圆的"三不粘"指的是什么？

具有百余年历史的赖汤圆，在1894年其老板赖元鑫只是推着小车沿街售卖自己制作汤圆的小贩。从售卖之初，赖汤圆便以汤圆下锅后"不烂皮、不露馅、不浑汤"，食用时"不粘筷、不粘牙、不粘碗"而著称，成为当时成都广负盛名的小吃。

赖汤圆的创制人赖元鑫幼年疾苦，无依无靠，只得挑起扁担借钱卖起汤圆。由于成都卖汤圆的竞争十分激烈,为了得到市场,赖元鑫只能从提高自身汤圆的品质入手,起早贪黑,日夜经营。由于赖汤圆品质极佳,深得当地百姓喜爱,后来开了家门面,取名"赖汤圆"。随后赖元鑫还开发出多种形状多种馅料的汤圆,使人们大开眼界,一时间顾客慕名而来,赖汤圆由此发迹。由于赖元鑫出身贫苦且没有读过书,所以他深知教育的重要,当家乡创办中学时,赖元鑫捐赠了150担谷子用作办学经费。

双流兔头来源于麻辣烫么?

双流兔头的大名是"双流老妈兔头",由于其卤香麻辣、肉质细嫩、味道纯正、回味醇香,极受食客的追捧。而双流兔头的产生则是因为一位开麻辣烫的母亲,偶然地将兔头煮在麻辣烫的汤中。这是怎么回事呢?

双流老妈兔头

二十年前,成都双流有一位慈祥的妈妈,在县城开着一间麻辣烫小店。妈妈的儿子从小就爱吃兔头,但当时成都能吃到兔头的地方很少,妈妈心疼儿子,便自己买来兔头,将其在麻辣烫的锅里煮熟给儿子吃。儿子吃到美味的兔头后一下子上了瘾,天天蹲在店外啃食兔头。而他吃着兔头的模样,仿佛一块天然招牌,吸引了一批批的客人,专门点兔头吃,吃过后对兔头更是赞不绝口。如此一传十、十传百,老妈的兔头吸引的人越来越多。而颇富商业头脑的儿子马上建议妈妈将小店扩大,专卖麻辣兔头,店名干脆就叫——"双流老妈兔头"。

农家小菜川北凉粉为何如此知名?

凉粉发源于清末民初的四川省,吃起来红辣醇厚、鲜香清爽、滑嫩弹牙。

相传原南充县农民谢天禄，在中渡口支起摊棚，靠卖担担凉粉度日。他的凉粉制作精细，从磨粉搅制到调料、配味都一丝不苟，深受当地人及过路者喜爱。其后，另一位农民陈洪顺悉心研究谢凉粉的制作工艺之后，对其进行了一些改进，使凉粉制作工艺得到进一步完善。他的凉粉与谢天禄的区别在于，陈洪顺选用新鲜的白豌豆作为原料，并使用小磨磨细，更加讲究搅制火候，所以使得他制作的凉粉更加质细柔嫩，明而不透，细而不断。不到一年，陈凉粉便名扬川北，从此"川北凉粉"不胫而走。

老一辈无产阶级革命家朱德、罗瑞卿生前在南充视察工作时，特意品尝了川北凉粉。这也使得川北凉粉的名声更加远扬。致使过去挑着担、支着棚子卖的凉粉，一下子登上了大雅之堂，成为人们餐前开胃的绝佳选择。

三大炮是一种什么小吃？

三大炮是糯米制作的一种民间小吃，是每年成都传统节日时才有的一种表现性的"糍粑"类甜食。每份三大炮只有三颗糯米球，而且每颗糯米球都是现场从热锅中抓出然后用力摔向案板中央。

三大炮

由于案板边放有金属碟，所以案板被糍粑撞击时产生震动，使金属碟发出响声，"砰砰砰"三声过后，三颗糍粑飞经空中滚入下面满是芝麻粉、黄豆粉的竹簸中，另有一人将三颗糍粑捡到盘子里再浇上浓汁递给食客。通常会导致许多游客和当地人围绕在卖三大炮的摊位周围，大家凑着热闹有说有笑，这也成为成都小吃街中的一道特色风景。

成都人吃什么样的豆腐脑?

在偌大一个中国,南、北不论在生活方式上还是饮食习惯上都存在着一些差异,前不久便发生了一件有趣的事情,被网友们戏称为"豆腐脑咸甜之争"。

某一天,有好事网友在白宫请愿网上发布信息,希望美国总统奥巴马为甜豆腐脑正名,并颁布法令要求以后但凡提到豆腐脑,就默认为是加了白糖的"南派"甜豆腐脑,这伙拥护甜豆腐脑的人,在网络上被称为"甜党"。这项举动引发了无数北方"咸党"的反攻,"咸党"们也聚集起来在白宫请愿网展开投票,拥护酱油黄花菜卤的咸豆腐脑作为正统。

正在"咸党"和"甜党"相互"激战正酣"的时候,成都的小伙幺妹们心里肯定很不是滋味,因为对他们来说,咸卤和甜卤都不是他们的最爱,就像上面提到过的红油抄手那样,成都人喜好的其实是酸辣卤豆腐脑,也就是当地所称的酸辣豆花。酸辣豆花口味酸辣咸鲜,豆花细嫩,配料酥香,是成都人的最爱。

张飞牛肉与张飞有什么相似之处?

张飞牛肉是中国的驰名商标,源自四川省阆中市。腌牛肉过去被人们称为"保宁干牛肉"或"风干肉",属于地方名特小吃。1985年左右,张飞牛肉公司的前身阆中县牛羊肉加工厂厂长王正秋因为其产品表面看起来黑乎乎的,但是切开来看红彤彤的,和张飞的形象很相似,于是将其腌肉正式定名为

张飞牛肉

张飞牛肉。因为名字取得形象,再加上口感独特,于是迅速传播开来。

"张飞牛肉"名虽是现代人所起,但是细细想来也会觉得形神兼备:首先,张飞嗜酒如命,而卤牛肉也适合下酒,很合逻辑。其次,据史料记载,张飞每征战获胜,都喜欢以卤牛肉犒赏士卒。最后,因为张飞死后躯干埋在阆中,并且在阆中还建有张桓侯祠,与公司同属一地。因此,"张飞牛肉"的名字取得真是再传神不过了。

成都的古镇与都江堰

　　成都的古镇，有着浓厚的历史氛围。黄龙溪古镇，刘备曾在此登基；洛带古镇，刘禅曾在此抓鱼；平乐古镇，蔡伦曾在此造纸；火井古镇，古人曾在此使用天然气……

　　成都有一项古老的大工程，其影响力绝不亚于万里长城。它就是都江堰。秦朝的蜀郡太守李冰，为了解决水患问题，和自己的儿子一起，带领当地的劳动人民，花几十年时间，用勤劳和智慧修建了都江堰。几千年来，都江堰一直发挥着作用，把汹涌的江水一分为二，灌溉成都平原。使泽国变沃土，造福了一方百姓。

成都的古镇

洛带古镇的名字和后主刘禅有什么渊源？

洛带古镇地处成都市龙泉驿区境内，始建于三国蜀汉时期，冬暖夏凉、气候宜人、水尤清冽、空气清新，四时美景不同，全年都适宜游玩。关于洛带镇名字的由来，当地流传着这样的传说。

洛带镇本来叫"甑子场"。场内有一八角井，井水清凉甘甜，用来煮茶做饭，皆是上品，相传井水是东海龙王口中所吐，周围村民时常围井而坐，打发农闲。这件事情被宦官黄皓听说后，禀告给了蜀汉太子刘禅。刘禅听到如此有趣的消息后大喜，立即择了一个黄道吉日，率着一干太监宫女来到八角井旁。正当刘禅俯在井

洛带古镇

边向下张望之际，忽然一条金鲤从旁边池塘跃水而出。随着刘禅一声令下，众宦官便是撸袖挽裤，走入池塘，虽然浑身湿透，却一无所获。气急败坏的刘禅不顾皇室威严，亲自下塘逮鱼。可是金鲤岂肯落入昏君之手，更是玩命挣脱。忽然间，刘禅一不小心便在池中跌倒，起来后身上玉带又失踪了，如此狼狈的刘禅最终悻悻而归。据说刘禅的玉带恰好堵住了泉眼，从此以后，甑子场的水便浑浊不堪，苦涩难咽。村民们十分

生气，也感叹亡国之日不久矣。遂将甑子场改名为"洛带镇"。

洛带古镇为何被称为"中国西部客家第一古镇"？

洛带古镇除了具有悠久的历史与生动的传说之外，还被世人称之为"中国西部客家第一古镇"。因为镇上有将近两万名居民都是客家人，占全镇人口的九成。

首先，从当地人的日常生活交谈中就可以听出，他们的客家话与客家方言标准音广东梅县话一致，比如称"穿衣服"为"着衫"，称"下雨"为"落水"等。你也许有所不知，客家话较多地继承了古汉语的特性，比如古汉语的声调有"平、上、去、入"，而客家话就保留了完整的入声韵尾。一般认为，客家话和唐宋时期的中古汉语之间的承袭关系较为明显，用客家话朗诵唐诗、宋词要比用普通话朗诵更加吻合。这可能是由于客家人的祖先是古代的中原移民，并且客家人的生活地区长期处于封闭状态、不受外界干扰的缘故。甚至太平天国时期，客家话还一度被作为"国语"，广泛地应用于官方文书中。

其次，古镇内的千年老街、客家民居都保存完好，从建筑中散发浓厚的客家味道一点也不比村民口中的客家话寡淡。老街呈现出"一街七巷子"的格局，街边明清风格的建筑，建筑内以各式龙凤花鸟戏剧人物为装饰的镂雕、彩绘、中棚、屋脊封火墙等，制作十分讲究，具有极高的历史、文化、建筑和科学价值。

由此，洛带古镇被称为"中国西部客家第一古镇"乃实至名归。

黄龙溪古镇与刘备登基有什么特殊渊源？

黄龙溪古镇古称赤水，历史可追溯到1700多年前，可谓历史悠久，底蕴深厚。黄龙溪镇是成都南方的门户，自古以来就是兵家必争的军事重镇。诸葛亮南征时曾派重兵把守黄龙溪古镇，但是最终战败，加速了蜀汉灭亡的进度；黄龙溪古镇也是上达成都、下通重庆的重要水运码头，商贾云集，繁盛一时，物华天宝，人杰地灵。1983年，这里原汁原味的古镇风情，酒香不怕巷子深的黄龙溪古镇成为峨嵋电影制片厂拍摄《卓文君与司马相如》的外景地，后来，《海灯法师》《芙蓉镇》《家春秋》等多部影视剧更是在此拍摄。

黄龙溪古镇风光

但黄龙溪古镇最为传奇的，应该是它和蜀汉先主刘备登基的特殊渊源了。

东汉末年，天下三分的时候，魏、蜀、吴三家都有称帝的打算，但汉献帝还被权臣曹操控制在手中，曹操出于政治心理的原因，不愿意亲自代汉称帝，蜀国的刘备与魏国的孙权见实力最强的军阀都没有称帝，自己当然更不具备称帝的时机了。事情一直拖到曹操死后，曹操的长子曹丕继位。曹丕眼见时机成熟，最终篡取汉朝政权。刘备的手下眼见曹丕篡汉，便极力鼓动一向以汉室宗亲、皇室正统自封的刘备自立为汉朝皇帝，延续汉朝。

在古代，但凡圣人降临，必定"天生异象"，比如田野里看见白鹿，天上飘绿光，房子后面出现麒麟之类的。根据《三国志·蜀志·先主传》中记载："太傅许靖、安汉将军糜竺、军师将军诸葛亮、太常赖恭、光禄勋、少府王谋等上言：'曹丕篡弑，湮灭汉室，窃据神器，劫迫忠良，酷烈无道。人鬼忿毒，咸思刘氏。今上无天子，海内惶惶，靡所式仰。群下前后上书者八百余人，咸称述符瑞，图、谶明征。间黄龙见武阳赤水，九日乃去……宜即帝位，以篡二祖，绍嗣昭穆，天下幸甚。臣等谨与博士许慈、议郎孟光，建立礼仪，择令辰，上尊号。'"意思就是："包括诸葛亮在内的一干西蜀重臣眼看着汉朝刘家的江山被卑鄙可恶的曹姓篡去了，感到很是气愤，并且根据算命书籍《河图》和坊间流传的民谣谶语来看，就应该是主公您当皇帝啊。更何况，赤水这个地方还出现了黄龙，一连九天在河中嬉戏，如此异象更加证明了主公您就应该在此时加冕做皇帝啊。"其中的"武阳赤水"便是现在的黄龙溪古镇所在。

也正是因为这个典故，这个地方的名称才逐渐由"赤水"变成了"黄龙溪"。

平乐古镇外的竹林与蔡伦有何关系？

平乐古镇古称"平落"，其历史可追溯至开明氏时期，距今已两千余年，素有"一平、二固、三夹关"的美誉。一条白沫江穿镇而过，依江而建的小镇以其"九古"——古街、古寺、古桥、古树、古堰、古坊、古道、古风、古歌遐迩闻名，据统计，古镇有明清建筑二十余万平方米，保存完好程度更是达到了惊人的85%。古蜀先王杜宇曾命宰相鳖灵治水，并禅位于鳖灵，鳖灵于是开创古蜀开明氏王朝，在此期间蜀人因为在平乐古镇附近兴修水利、广事农桑的需要而来此聚居，并逐渐发展壮大，到西汉时期便已有镇集形成。

值得一提的是，古镇内除了"九古"使人大有穿越之感外，平乐古镇外的景色更令人叹为观止。芦沟自然风景区的竹林除了留给世人壮丽的自然风光外，也留下了丰富的历史故事。汉代时期的"蔡侯纸"经过不断改进已经可以用其他植物纤维替代，而芦沟竹林中的川西慈竹，以纤维丰富，颇具韧性而著称，正是中国古代造纸的理想原材料。因此在竹林深处隐藏着许多前人造纸遗留下的水磨、作坊等遗迹。不止如此，芦沟内一处石崖上还雕刻有蔡伦的全身像一座，据说是由过去造纸的人家集资修建的，并且逢年过节，造纸作坊还会组织人们去蔡伦雕像处祭祀烧香。

西来古镇的文峰塔体现了什么?

西来古镇位于四川省成都市蒲江县,以完整保存着大量明清时期的川西民居与12棵千年古榕而闻名。不仅如此,西来古镇还拥有战国的楠木船棺、汉代的冶铁作坊、西魏的临溪城垣以及唐宋的茶马古道旧迹。自古以来,西来便有"草根儒乡"的美名,其中道理我们可以从古镇广场南侧的文峰塔体中窥得一斑。

文峰塔

建于道光十三年(1833年)的文峰塔总共三层,翘角飞檐,另有宝顶一座。塔身饰有的浮雕人物、动物、花卉、诗歌题联,给人制作讲究、精巧玲珑的印象。文峰塔的第三层正檐下有"文峰塔"的匾额;文峰塔的第二层有"奎星阁"的匾额。相传奎星乃天上28宿之一,因"奎星屈曲相钩,似文字之划",所以被后世当成天上的文官之首,主宰文运的兴衰。常与文庙相配,古代士子们常在考前拜上一拜,以祈求自己能够榜上有名;文峰塔的第一层正面有块扇形匾额,上有"惜字宫"三个字,两边还刻有一副对联,"废墨收经史,遗文贮汉唐"。据说西来古镇特别尊重文字,就是连有文字的纸也不能随意丢弃,即使丢弃也要郑重检点,将其焚烧后敬献鬼神。

街子古镇的字库塔是做什么用的?

崇州街子古镇坐落在凤栖山脚下,距崇州城西北25公里,与青城后山相连接,具有独特的自然风光与浓厚的文化积淀。街子古镇内有晋代古刹光严禅院、千年古楠、清代古塔、古建一条街等文物古迹二十余处，一定会让游览者大饱眼福。

而镇内最奇特的古塔非字库塔莫属。字库塔呈六方体，分五层，建于清朝道光年间，以石条、石墩和青砖堆建而成。"惜字是福"的街子人从不随便丢弃涂鸦带字的纸，而是把带字的纸条放在纸篓内一并焚化，于是在街道的上场口和下场口均修建了专供焚纸用的字库。现今，上场口的那座已经被毁坏，而下场口的却保存至今，成为古镇的一道靓丽景观。

铁佛古镇的名字有什么由来？

铁佛古镇，原名老店子，以古镇里仅有的几家店铺而命名。清乾隆五十三年（1788年）建成，嘉庆、咸丰、光绪年间相继培修。相传清康熙三十九年（1700年），当人们准备将1公里外一座被毁寺院里的明代万历三年（1575年）铸造的、高1.4米的铁佛改迎到镇子附近的新津寺时，铁佛在老店子生了根，任凭人们怎么搬也搬不动了。于是僧人融亮感到这应该就是天意，便在此修建庙宇，并取名为铁佛寺。而老店子也因为这尊铁佛而得名"铁佛镇"。

铁佛古镇内不光有铁佛寺，更有南华宫、禹王宫、王家祠等古建筑。除此之外，铁佛镇周边更是汇聚了几处知名的古战场，如镇东北面的土城山，主峰海拔787米，明代筑土为寨，地势险峻，易守难攻。镇南有东嘴山，山的西北和南面有河围绕，东面却是悬崖峭壁，山上有东嘴寨，山下有长岭寨。镇西有黄嘴头，海拔665米，山上筑有石寨，名为黄嘴寨。夕阳之下，古战场更显得

铁佛古镇

壮烈雄迈，与"铁佛"之名遥相辉映。

江口古镇见证了哪位名将功亏一篑？

江口镇所在位置在秦汉时期称"彭亡聚"，晋代称"合水"，宋代取名为"安镇乡"，明代始称"江口"，是一座有两千余年历史的古镇。江口地势险要，是进入成都的门户，历来为兵家必争之地。秦伐蜀时，蜀王开明氏便败灭于此，明朝末年农民军领袖张献忠也在此与南明总兵杨展激战。而问题中所说的功亏一篑的名将，便是汉光武帝刘秀"云台二十八将"之一的岑彭。

公元25年，"四海波荡，匹夫横议"，正是天下没有被完全平定的时候。原西汉的中散大夫公孙述"割据千里，地什汤、武"，便在成都称帝。十年间，刘秀一直在劝降公孙述，可是公孙述依靠当地蜀人的支持不为所动。于是刘秀在公元54年派遣征南大将军岑彭领军讨伐公孙述。

江口古镇风光

岑彭深谙兵法，又善于攻心，"彭首破荆门，长驱武阳，持军整肃，秋毫无犯"，一路势不可挡，所向披靡，并且在"难于上青天"的蜀道千里奔袭，其间更是伴有佯装撤退、声东击西等计谋扰乱敌军，"势若风雨，所至皆奔散"，简直堪称是中国军事史上的奇迹。"及彭至武阳，绕出延岑军后，蜀地震骇"。轻取武阳后，岑彭又立即派精锐骑兵奔袭广都，也就是现在的双流县，成都近在咫尺。公孙述这才意识到东汉军队已经攻至自家门口的消息，以致不断用权杖敲击地面，大呼："是何神也？"攻克武阳后，岑彭驻扎在当时名为"彭亡聚"的江口一代。因为忌讳地名的"彭亡"二字，便打算另驻他处，可由于种种原因作罢。此时公孙述的刺客以难民的身份到达岑彭的帐中，在当天晚上刺杀了岑彭。

由于岑彭的恩威并施，以致蜀地有许多人为功亏一篑的岑彭感到可惜，"蜀人怜之，为立庙武阳岁时祠焉"，为他立祠修庙。而岑彭的继任者吴汉，在岑彭的基础之上轻而易举平定了公孙述，统一了西南地区。

元通古镇为何被称为"小成都"？

元通古镇距崇州10公里，最早名为"水渠乡"。有文字记载的历史可追溯至1600多年前的东晋时期。"元通"称谓的由来，根据《崇庆州志》的记载，源于明英宗正统年间。当时，僧人们在水渠乡修建了一座寺庙，名为"圆通寺"，到了清代，此地兴场建镇，并以寺院的名字为场名，后在民国时期简化为"元通"。因为这个地方水、陆运输都很发达，所以商贾云集，逐渐繁华起来。早在明代，就有"良田数万亩，烟火数千家"之说；到了清代，南方各省客商纷纷来此投资建馆，于是便有了"小成都"的称法。从如今桥头江畔林立的各省会馆，就知道其当年的辉煌。

火井古镇中的火井具体指的是什么？

火井古镇始建于南北朝时期，是一座具有近1500多年历史积淀的文明古镇。隋朝大业十二年（616年）正式设置火井县，并由唐朝著名的数学家、天象学家袁天罡出任

火井

第一任县令。它是中华第一女状元黄崇嘏的故乡,更是世界公认最早发现并使用天然气的地方。

其实所谓火井,就是从地下冲出来的天然气。在东晋人撰写的《华阳国志》中,就有"临邛县有火井,夜时光映上昭。民欲其火,先以家火投之。顷许如雷声,火焰出,通耀数十里。以竹筒盛其火藏之,可拽行终日不灭也……取井火煮之,一斛水得五斗盐。家火煮之,得无几也"的记载,也就是说,当时的人们已经知道走夜路时可以用竹筒装着天然气当火把,用天然气煮盐,因为天然气的活力比柴火要大许多,所以出盐自然也更多。在比这更早的西汉时期,辞赋家扬雄在《蜀都赋》中云:"东有巴賨,绵亘百濮。铜梁金堂,火井龙湫",便已将火井列为四川的标志。东晋的左思受此启发,更是在自己的《蜀都赋》中更加详细描绘了"火井沈荧于幽泉,高爓飞煽于天垂"的壮丽神奇景象。

据报道,中国以外最早使用天然气的是英国,时间是公元1668年,比中国火井晚了1600余年。因此,"临邛火井"无可争辩地被公认为开发利用天然气的"世界第一井"。

成都的都江堰

都江堰曾有过几个名字？

都江堰位于成都市都江堰市灌口镇，是建设于中国古代并沿用至今的大型水利工程，被誉为"世界水利文化的鼻祖"。通常认为，都江堰水利工程是由秦国蜀郡太守李冰父子率众于公元前256年左右修建的。都江堰是世界范围内年代最久、唯一留存、以无坝引水为特征的宏大水利工程。

都江堰在秦朝李冰任太守初期叫做"湔堋"，这是因为都江堰旁的玉垒山，秦汉以前叫做"湔山"，而当时都江堰周围的氐羌人方言中把"堰"叫做"堋"，所以都江堰最初也就叫做"湔堋"。三国蜀汉时期，蜀汉政权在都江堰地区设置都安县，于是都江堰因县得名，被称作"都安堰"，同时也被人称作"金堤"，可见都江堰在当时蜀地人心目中的地位。到了唐代，都江堰改名为"楗尾堰"。"楗尾"是一种建筑堤坝的材料，"破竹为笼，圆径三尺，以石实中，累而壅水"，就是将卵石用竹条编在一起，起到类似于现在麻袋的作用，而这种方法在成都不光有史可寻，还有实物做佐证。宋代之

都江堰

前,历代人都没有将整个都江堰当做一个完整的水利系统,而是以某堤或某单独的水利设施代称全堰。宋代以后,"都江堰"才真正出现在史料的记载之中,《宋史》中有"永康军岁治都江堰,笼石蛇决江遏水,以灌数郡田"的明确记载,而其中的"石蛇"与之前所说的"楗尾"是类似的东西。

都江堰修建之前成都为何屡发水灾旱灾?

上天给了成都平原肥沃土地的同时,也带给成都比猛兽更加凶猛的威胁——水患。

成都平原的形成本就是岷江、沱江、青衣江、大渡河等冲积而来的,再加上岷山山脉对整个成都平原来说是一条"地上悬江",落差极大,所以在古代,每当岷江泛滥,成都平原都会变成一片泽国,而一遇旱灾,却又是赤地千里。因此从大禹时期起,四川的水患一直是统治者担心的问题。

在古蜀王杜宇时期,中国便经历了一场浩大的水灾,四川地区首当其冲。而一个名叫鳖灵的人,采取类似于大禹的治水方式,引导洪水流向河流。他因为帮助杜宇治水有功,竟然最终取代了杜宇的地位,成为了古蜀国的国王,并创立了开明氏王朝。

都江堰的修建有什么战略意义?

战国时期,群雄割据,战火绵延,刀兵所到之处,生灵涂炭,血流漂橹。此时的百姓最为盼望的便是和平,而此时的秦国从商鞅变法以后,名相贤臣纷纷投靠,国力与日俱增,兵强马壮,大有问鼎中原之势。秦国一统天下最大的障碍便是版图极大、文化繁盛的楚国。

想要直接吞并楚国何等困难,直接与楚国开战势必会使楚国联合其他国家一起抗秦,更何况此时又有韩国引兵来犯。此时朝中有勇有谋的司马错向秦王献策道:"蜀有桀纣之乱,其国富饶,得其布帛金银,足给军用,水通於楚,有巴之劲卒,浮大舶船以东向楚,楚地可得。得蜀则得楚,楚亡,则天下并矣。"就是说,蜀国现在民心不稳,并且物资丰富,若是消灭了蜀国,不光可以补足军用,而且对日后攻楚也大有好处。秦王认为有道理,便听取了司马错的意见,而司马错果然不负众望,打败了蜀国的末代国君开明氏。

虽然可以马上夺天下,却不可以马上治天下。武力夺取一个地方之后,如果不大力安抚当地民心,多得的一块地方反而容易成为累赘。因此,秦王派遣善于治水的李冰出任蜀郡太守,意思就是要发挥李冰善于兴修水利工程的特长,迅速安抚民心,为秦国以后的宏图霸业打下坚实的基础。

蜀地在李冰的领导下解决了水患,在秦国一统中原的过程中发挥了非常重要的作用。

李冰究竟是何许人也?

李冰是战国时代著名的水利工程专家,据史料记载,他于公元前256—前251年被秦昭王任命为蜀郡太守,在任期内为蜀地修建了包括都江堰在内的众多水利工程,为蜀地解决了困扰千年的水患。后世为纪念其功绩,专门在都江堰岸边修有二王庙,并至少从一千八百多年前就开始举行祭祀李冰的活动。

李冰画像

李冰的功勋虽然不可磨灭,可李冰本人在史书上的记载却少之又少,除了族属、籍贯和具体的生卒年不详之外,连李冰的姓氏也是在班固的《汉书》中出现的,在更早的司马迁的《史记》中,仅出现了"蜀守冰凿离碓"的记载,甚至连"蜀守冰"中的

"守"字现在也不十分明确,有人认为是"诸侯王",并举出了司马迁在《史记》中自述"失其守而为司马氏"的"守"就是"诸侯王"意思的例子。仅仅因为这一个字的不同解释,我们对李冰的断代就可以相去百年之久。司马迁对李冰片段似的记载是不是在刻意回避什么,人们至今也不清楚,所以只能以"李冰是秦国的蜀郡太守"这种说法来介绍李冰。

都江堰真是李冰父子组织修建的吗?

现在一提到都江堰,后人就把功劳记在秦朝时期李冰父子的身上,但是,事实真是如此么?

首先,在按时间排序编著的《史记·河渠书》中,司马迁将"穿二江成都之中"排在了西门豹治邺之前,但是西门豹治邺的故事却发生在公元前445年左右,这显然与李冰于公元前256年左右组织修建都江堰的说法相违背。其次,《史记》中对比都江堰规模小得多的郑国渠都做了详细的记录,并且前后出现了七个"秦"字,表示这是秦国所建,而比郑国渠只早十几年的都江堰,却连一个"秦"字都没有涉及,更加让人怀疑都江堰的完成年代。不仅在《史记》中如此,就连《战国策·秦策》等秦史书籍中,都有对郑国渠的详尽记录,而规模与功能明显大得多的都江堰却没有出现在这类书籍之中,这点实在是诡异。在扬雄的《蜀都赋》中,记载宝瓶口和沱江的开凿是古蜀国君杜宇时期鳖灵组织的,并且还取得了成功,以致鳖灵最终接受了杜宇的禅让而成为新任的蜀国开明王朝的国君。以上文献都说明宝瓶口的修建早在李冰之前就已经完成了。

对十二桥遗址的考古挖掘结果表明,约为西周时期,这个地方还常受水灾的困扰,但是春秋末至战国初期,这个地方就有了建筑的遗迹,这说明开明王朝时期这个地方的水灾就已经没那么严重了,其远早于李冰担任太守的时期。

所以有学者认为，李冰来成都的时候，巴蜀人的水利工程技术已经十分成熟。李冰对岷江的地理地形进行实际考察后，在总结前人经验的基础之上找到了更彻底解决成都水患的方法，那就是在都江堰整个系统中占有非常重要地位的渠首部分工程。由此，都江堰才真正成为各部分配合良好的完整肌体。

因此，当现代人惊叹于李冰父子高超智慧与伟大功绩的同时，人们更应该一并赞叹这段历史的创造者——那就是古蜀国的全体人民群众。

都江堰各部分的作用都是什么？

岷江江水从上游流下，第一个经过的是都江鱼嘴，也叫鱼嘴。鱼嘴是一个分水的建筑工程，把岷江水流近乎平等地分为内江、外江两部分，内江供灌溉使用，外江是岷江正流。他们又在灌县城附近修筑了离堆，离堆的东侧是内江的水口，称为宝瓶口，具有节制水流的功用，"旱则引水浸润，雨则杜塞水门"。当岷江水位暴涨，淹没鱼嘴时，就将飞沙堰打开，将四分之三的水量通过外江引入岷江。而当水位较低时，为了

离堆

保证灌溉，就将飞沙堰封闭，保证有二分之一的江水流入内江，使内江有足够的水源进行灌溉。离堆与鱼嘴和飞沙堰相配合，可以更好地起到分割江流的作用。不仅如此，为了精确控制水流量，都江堰进水口的三条岔口各立有一个石人，这些石人起着标尺的作用，人们通过调节飞沙堰，保证"水竭不至足，盛不没肩"。

这样，在鱼嘴、离堆、飞沙堰、石人的巧妙配合之下，人们很容易可以控制江水的流量了，从而使江水为人所用。

修建都江堰时为何要沉下五座石犀？

根据《华阳国志》的记载，李冰在解决完水患之后"外作石犀五头以厌水精"，其中两头被运至成都摆在地上，三头沉到江里。这"石犀"指的就是形似犀牛的巨石。那么，这石犀究竟是怎么治水的呢？

与石人检测江水的流量类似，石犀可以检测江水的含沙量。

众所周知，随着夹带着泥沙的水流不断冲击河岸，许多泥沙便沉积在了河道内，使河道越来越浅，此时再根据石人判断河水的深度显然就会有失准确。为了保证现在的河道与当初设计时的河道具有同样的深度，聪明的古人采用的是在修建河道时沉下一些重物，在这里就是石犀。泥沙虽然会堆积，但是几乎不影响石犀的位置。这样只要每次清理河道的时候都能保证完整挖出这些石犀，那么就说明现在的河水深度与设计时的是同样深度。

值得一提的是，2013年年初，在四川大剧院的施工工地，工人们挖出了一头身长3米有余、体重8吨还多的石兽，这巨兽距今有约2000年，制于秦汉，埋于西晋，很有可能就是李冰当年制作的五头石犀之一。

有趣的是，这头石犀被挖出来之后的当年夏季，成都地区连下暴雨，不少市民戏谑这是由于打扰到镇水神兽的缘故。而相关专家的辟谣也是十分精彩，理由也很充分。他们是这样解释的："地下埋的石器是镇河流的水，不管天上的水，就算这是个灵物，也跟现在的暴雨无关，请大家放心。"

都江堰为何至今能够发挥作用？

随着灾害的破坏以及王朝的更迭，许多曾经光彩一时的建筑与设施都被人逐渐废弃，比如古罗马人修建的陶制水渠、厕所、浴室、斗兽场等。但是都江堰不仅完整地保留了下来，而且在2500多年间一直发挥着不可估量的作用，就像一位敬业的哨兵，坚守着自己的家乡和人民。那么，是什么原因使得都江堰至今仍然能够发挥重要的作用呢？

首先，事物的内部原因起到了决定性作用。都江堰的设计本身就是超越时代的，并且其所用的技术至今都没有被淘汰。还有就是都江堰的建造也十分稳固，据说"5.12"大地震对都江堰的影响也是十分有限的。

再有就是外部原因的影响了。"人是铁，饭是钢，一顿不吃饿得慌"，再忠诚的哨兵，你也要给他足够的饭吃。而对于都江堰来说，不管中国的王朝如何更替，统治者们都是会给予都江堰妥善的维护。汉灵帝在位时就设专职负责都江堰的整修工作；蜀汉时，诸葛亮又设堰官，"征丁千二百人主护"，可见当时统治者对都江堰的重视程度。此后各朝，都是以堰首所在地的县令为主管，负责都江堰的维护。宋朝的皇帝则正式制定了传承至今的"岁修制度"，规定在每年冬春的枯水期，农闲的农民必须将江水断流岁修，当时称为"穿淘"。岁修时加固堰体，清理河道，使河道的深度以河底的石马为准，堰体高度以岩壁上的标尺为准。明代以来，官府多使用卧铁代替石马。现在宝瓶口便存有三根三米多长的卧铁，它们分别铸造于明代、清代与民国时期。

后世人们如何祭祀李冰父子？

李冰治理水患居功甚伟，后世对李冰的祭祀也是顺理成章。虽然祭祀李冰的活动从什么年代开始已不可考，但是从出土的东汉李冰石像来看，祭祀李冰的活动至少开始于1800多年前的汉代。传说农历六月二十六日是李冰之子二郎生日，而李冰的生日在其前两天。因此每到农历六月二十四日前后，川西地区的群众便会扶老携幼前来祭拜。

李冰父子雕像

人们对李冰的祭祀不光停留于民间，官方对待祭祀李冰的活动更是非常重视，并且像对待孔子一样连续追封与加封。公元495年前后，人们将原来位于都江堰渠首的纪念古蜀王杜宇的望帝庙改迁到郫县，然后在腾出来的庙宇里祭祀李冰，并将望帝庙改名"崇德庙"。到了唐朝，唐太宗李世民追封李冰为"神勇大将军"，唐玄宗李隆基进蜀地避难时加封李冰为"司空相国"。唐朝灭亡后，宋太祖赵匡胤扩建崇德庙，并且增加了李冰之子二郎的塑像。到了北宋朝开宝七年（公元974年），官方就改封李冰为"广济王"，并且官方规定每年都要祭祀李冰一次，之后又改了两次称呼。从陆游《离堆伏龙祠观孙太古画英惠王像》一诗的题目上，就可以知道北宋末年南宋初年时期李冰就被官方追封为"英惠王"。到了清代，雍正加封李冰为"敷泽兴济通佑王"，并赏赐写有"绩垂保障"的匾额。光绪三年（1877年），又加封李冰为"通佑显英王"，追赐了"功昭蜀道"的匾额，一年之后又追封为"通佑显惠襄护王"，赐额"陆海金堤"。即便到了民国，四川省政府在1938年还颁布了《崇祀显英王庙伏龙现典"礼仪式"》，规定了祭祀的礼仪与程序。

都江堰的治水经验现在还管用吗？

古人在治理岷江修建都江堰的过程中，总结出了以"八字格言"与"治水三字经"为代表的治水经验，以其言简意赅、琅琅上口的特点流传至今。

所谓八字格言，就是"乘势利导，因时制宜"八个字，作为修缮治理都江堰地区的根本指导思想，体现了按客观规律办事的辩证思想。而《治水三字经》则具体是"深淘滩，低作堰，六字旨，千秋鉴，挖河沙，堆堤岸，砌鱼嘴，安羊圈，立湃阙，凿漏罐，笼编密，石装健，分四六，平潦旱，水画符，铁椿见，岁勤修，预防患，遵旧制，勿擅变"，这是千年以来人们治理都江堰的具体经验概括和总结，是治水的原则,具有十分丰富的文化与科学内涵,并且至今都是水利工程师的圭臬。

都江堰有何历史意义?

都江堰等水利工程的建成,对蜀地产生了深远的影响,危害人民的岷江水患被彻底根除。蜀地给人的印象则从"泽国""赤盆"发展到"旱则引水浸润,雨则堵塞水门,故水旱从人,不知饥馑,则无荒年,天下谓之天府"。通过水利的发展,蜀地不仅可以解决自身的温饱,而且还逐步成为祖国西南的政治、经济、文化、运输中心,并且在西汉与唐朝都有过救济受灾省份乃至于首都的事例。诸葛亮《隆中对》中就指出占据蜀地可以成就一方霸业,而唐玄宗、

都江堰风光

唐僖宗也将四川作为自己的避难地,这足以说明四川在全中国所占的地位。据说蜀地最繁荣之时,粮食出产占到全国粮食总量的三分之一。

在全世界的水利历史上,都江堰水利工程的建成占据浓墨重彩的一页。将都江堰介绍给世界的第一人,普鲁士人李希霍芬男爵在他的书信中专门抽出一章,不惜言辞地表达他对都江堰的赞美之情。都江堰不光是世界范围内水利工程的活化石,更是一座永垂不朽的丰碑。

成都的人文景观与大熊猫

　　成都是一座文化名城，公园和博物馆非常多。望江楼公园和文化公园是成都最负盛名的公园，浣花溪公园和百花潭公园都有着美丽的传说。三星堆博物馆和金沙博物馆展列的是神秘的古文明。

　　大熊猫，举世闻名的动物"活化石"，最憨态可掬的动物，也是中国人非常熟悉的"国宝"。但是，有谁知道它其实是食肉动物，它原本应该叫猫熊？它是由外国人最先发现的？它曾经是外交利器？

成都著名的公园

望江楼公园为何种有这么多竹子?

望江楼公园内大部分被竹林覆盖,并且品种奇多,据说共有150余种,主要品种有人面竹、佛肚竹、方竹、鸡爪竹、紫竹、绵竹、胡琴竹、麦竹、实心竹等,其中不仅有四川本地的名竹,更有日本乃至东南亚的稀有竹种,以致望江楼公园也被人称为"锦城竹园"或者"竹子公园"。那么,望江楼内为何种有这么多的竹子呢?

原来,因为望江楼公园就是为纪念唐代蜀中才女薛涛而建的,而薛涛一生爱竹,常以竹子"苍苍劲节奇,虚心能自持"的品德来激励自己,所以,后人便搜集世界上的各类名竹,在公园内种植。其实何止是薛涛一人,由于竹子有节、笔直、空心的特点,整个古代中国文化圈内都对竹子有特殊的偏好,普遍赞美竹子"未出世时先有节,及凌云处更虚心"的高洁品质,宋代大文豪苏轼就曾有过"宁可食无肉,不可居无竹"的名言。竹子也是在中国的书画中经常出现的题材,如包含竹子在内的"岁寒三友""四君子"更是经久不衰。

望江楼公园风光

望江楼公园内哪副对联是"千古绝对"?

崇丽阁有两副名扬天下的对联,被收录在许多介绍古今名联的书籍之中。

其中一副200余字的对联寓情于景,谈古论今,气势磅礴,据说出自清代以擅长写长联而闻名的怪杰钟云舫之手。上联写道:"几层楼,独撑东面峰,统近水遥山,供张画谱。聚葱岭雪,散白河烟,烘丹景霞,染青衣雾。时而诗人吊古,时而猛士筹边。只可怜花蕊飘

崇丽阁的半副对联

零,早埋了春闺宝镜;枇杷寂寞,空留著绿野香坟。对此茫茫,百感交集。笑憨蝴蝶,总贪迷醉梦乡中。试从绝顶高呼:问问问,这半江月谁家之物?"由景出发,借用李德裕、范成大、薛涛、元稹的典故,感慨时光流逝,王朝兴衰,借疑问这天下江山到底是谁人所有,而抒发江流石转的旷古之感。下联对道:"千年事,屡换西川局,尽鸿篇巨制,装演英雄。跃岗上龙,殉坡前凤,卧关下虎,鸣井底蛙。忽然铁马金戈,忽然银笙玉笛。倒不若长歌短赋,抛撒写绮恨闲愁;曲槛回廊,消受得好风好雨。嗟予蹩蹩,四海无归。跳死猢狲,终落在乾坤套里。且向危楼俯首:看看看,哪一块云是我的天?"下联对以时代的风云变化,以诸葛亮、庞统、李雄、公孙述的金戈铁马转而变为过眼云烟为背景,抒发自己天地虽大,却无处容身的悲凉之感。

崇丽阁还有一副奇联,据说是清代的一位江南才子,一天登上望江楼,看到沿途美景,一时兴起,写下了上联,"望江楼,望江流,望江楼上望江流,江楼千古,江流千古"。下联却怎么写都不满意,只得报

憾将上联书于望江楼上，一百多年来，吸引了无数读书人前来应对，都不能如意。

相传20世纪30年代，什邡名士李吉玉一月夜独游，漫步印月井边，此时皓月当空，印月古井中波光粼粼，眼前景致使他文如泉涌，不经意间联想起望江楼崇丽阁上无人应对的上联，于是触景生情，脱口而出："印月井，印月影，印月井中印月影，月井万年，月景万年"。这无论从内容还是形式上都十分吻合，真可谓文章本天成，妙手偶得之，并以此传为佳话。

20世纪50年代末，前国家主席刘少奇到成都时，曾目睹了这脍炙人口的千古奇联，当他得知下联的由来时，不禁拍手称赞，他询问工作人员印月井在何处，工作人员回答距成都70公里外的什邡城北，时光荏苒，当望江楼至今仍是一道亮丽的风景时，印月井却已茫然无存，成为了尘封的历史记忆。

登高必赋历来是中国文人的习惯，试想在高楼之上，仰观宇宙之大，俯察车马渺小，一定会引起人们感慨人生短暂，大有"古今多少事，都付笑谈中"的慨然之感，或者"既已化为禾黍荆丘墟陇亩矣，而况于此台欤"的悲凉之感。而所谓几大名楼之所以名传于世，绝不单独是因为其楼如何华丽宏伟，更重要的还是名人雅士登高楼之上所留下的千古名句，不管是滕王阁、凌虚台、黄鹤楼、幽州台、岳阳楼、鹳雀楼、大观楼等，都毫无例外。

望江楼公园里还存在有故事的景点吗？

除了之前提到的崇丽阁，望江楼公园里的其他建筑又有着怎样的故事呢？

先说薛涛井。据记载，薛涛晚年发明出一种深红色信笺，由花瓣制作而成，色彩十分绚丽，被时人称为"薛涛笺"，薛涛便以此笺与好友书信。从薛涛死后，后人制作的薛涛笺没有薛涛本人的好。尽管如此，后人还是经常依据文字记载来仿制薛涛笺。明代的一位蜀王便采用这口井中的水制作薛涛笺，渐渐地，人们就以为薛涛本人也曾采此井中的水制作薛涛笺了。到了清代康熙年间，当时的成都知府索性在井旁立一石碑，上书"薛涛井"。于是，薛涛井从那时起就成为了都城的名胜之一，而后来的濯锦楼、吟诗楼等都是围绕薛涛井建造起来的。

薛涛井

濯锦楼与崇丽阁同时建造，但是规模相差甚远，只有两层三间。因为汉代时成都的织锦者经常把锦放入旁边的锦江中濯洗，因此这幢楼被命名为濯锦楼。其实不光濯锦楼是因为织锦而命名的，且现在的锦江也是因为这里曾经的众多织锦者而命名的。

吟诗楼建于清光绪二十五年（1899年），薛涛曾住在碧鸡坊，坊间就有吟诗楼，于是后世因此又修建了一座吟诗楼。清代的书法家何绍基曾为吟诗楼题写对联："诗笺茗碗香千载；云影波光活一楼。"

崇丽阁因何命名？

崇丽阁坐落于锦江之畔，是一座精美绝伦、恢宏壮观的四层塔楼，建于光绪十五年（1889年）。崇丽阁上两层采用八角攒尖，下两层使用四方飞檐，一面可以俯视滔滔江水，另一面可以远观皑皑雪山。

早在宋代时，这里也曾有过一座高楼，陆游的《登塔》据说就是写作于此："冷官无一事，日日得闲游。壮哉千尺塔，摄衣上上头，眼力老未减，足疾新有瘳，幸兹济胜具，俯仰隘九州。雪山西北横，大江东南流。画栋云气涌，铁铎风声遒。旅怀忽恻怆，涕下不能收。十年辞象魏，万里怀松楸。仰视去天咫，绝叫当闻不？帝阍守虎豹，此计终悠悠。"陆游诗中将人、江水、高塔、雪山融为一体，营造出了一种雄浑壮丽、动静结合、天人合一的意象，与人们如今登上崇丽阁的感受一致。

与众多蜀地的古迹名字来源于古籍一样，崇丽阁的命名来源于《蜀都赋》中的"既丽且崇，实号成都"一句。

《蜀都赋》是西晋文学家左思受西汉扬雄《蜀都赋》的启发所做，与《魏都赋》《吴都赋》是姐妹篇，合称《三都赋》。因为《三都赋》写得实在太好，将三个都城附近的名山大川、珍奇异宝、风土人情、见闻传说均收录其中，简直堪称当时中国的"探索频道"。由于当时还没有出现印刷术，书籍的传播只能靠手抄，于是豪贵之家竞相传写，洛阳为之纸贵，"洛阳纸贵"这一成语便是来源于此。

文化公园所在地在过去是什么地方？

文化公园是1951年在原来二仙庵的旧址上改建而成的。

二仙庵是著名的道教宫观，是龙门派碧洞宗的祖庭，始建于清代康熙年间。二仙庵的创始人是全真龙门派的著名道士陈清觉。二仙庵原来是一座私庵，并不具备招收信众的权利。但是在清道光二十九年（1903年），四川总督裕诚游览完二仙庵后，将二仙庵改为"十方丛林"，并赐"十方丛林"四字匾额。

文化公园

什么叫"十方丛林"呢？原来，宫观庙宇的所有权主要有两种，一种是子孙庙，另一种就是十方丛林。子孙庙就是庙产归某一派或某一批所有，住持也是师徒传承的关系，而十方丛林则不同，属于全国教徒共同所有，并且有传戒特权。

于是，二仙庵的名声流传更广，吸引来各省无数的信众，而其中西南各省人为最多。信众们则推举自己的住持，任人唯贤，任人为德，一直延续二仙庵的香火。

人民公园的前身是成都历史上的第一个公园吗？

成都市人民公园原名"少城公园"，"少城"二字来源于老成都的城市划分。老成都在修建城墙城基时遵循战国时期的秦国旧制，将成都分为"大城"与"少城"，到了清朝时期，少城便作为八旗的军事基地，专供满族和蒙古族士兵居住。

人民公园

随着清朝的衰败与覆灭，少城的士兵们不得不自谋出路。当时驻防成都的将军名叫玉昆，他想到了一个办法，那就是开放少城的军事基地，并联合四川省劝业道道台周善培在少城修建公园，让士兵们在公园内摆摊做买卖挣钱，并且拆迁周围的民居，用了大半年的时间重整土地后栽花植树，又修建了迎禧楼、观稼楼、松韵楼、湖心亭等景观，进园参观的话收取门票钱。

从那时起，成都有了历史上的第一个公园，故放在全国来讲，"少城公园"是开办较早的公园之一。

人民公园内的纪念广场是为纪念哪项爱国运动？

位于人民公园中心的辛亥保路纪念广场，是为纪念四川保路运动以及辛亥革命而建造的广场。

保路运动源于1910年,英、法、德、美四国财阀强逼清政府借款修路,清政府为了讨好洋人,便于1911年5月9日在邮传大臣盛宣怀的鼓动下,宣布"铁路国有"的政策。"铁路国有"就是将原本已经归属于绅士、商人、地主还有农民的川汉、粤汉铁路的股权强行收归国有。不仅如此,清政府还拒不归还四川的股金。因此,四川的各个阶层,尤其是广大劳动人民坚决反对朝廷的这种做法,保路运动轰轰烈烈地展开了。

为何说浣花溪公园很有诗意?

之所以说浣花溪公园很有诗意,是因为一踏进公园的南大门,那条刻有千古名诗的388米长的诗歌大道就引领着前来的游人,走进中华几千年来的诗歌海洋。让人一下子仿佛回到盛唐,听李白、杜甫、白居易在耳边吟诵。

浣花溪公园的诗歌大道

不仅如此,在诗歌大道两边青翠的松柏丛里,还有300多位著名诗人的形象与简历,诉说着诗人那或喜或悲的诗歌的感情来源。25位历代著名诗人的雕像,更像是一座座丰碑,彰显着中华诗文化的源远与厚重。

在浣花溪等公园的河畔小山上,还设有包括"关雎恋情""屈原涉江"等8组雕塑,带人走进诗人的内心深处,亲身体会诗人当时或悲愤、或无奈、或豪迈的心情。

因此,说浣花溪公园很有诗意自然是十分恰当的。

浣花溪公园与薛涛有什么关系?

前面提到了薛涛井,也提到了薛涛井的井水并非薛涛本人制作薛涛笺时所用的水,那么薛涛当时究竟是在哪里制作薛涛笺的呢?

答案便是在如今浣花溪公园处。薛涛曾经居住于成都的浣花溪，自然也是使用的浣花溪水来制作薛涛笺了。有诗为证："浣花溪上如花客，绿暗红藏人不识。留得溪头瑟瑟波，泼成纸上猩猩色。手把金刀劈彩云，有时剪破秋天碧。不使红霞段段飞，一时驱上丹霞壁。"李商隐也曾写诗赞道："浣花溪纸桃花色，好好题诗挂玉钩。"薛涛死后，很少有人再用溪水造笺纸了。

塔子山公园的九天楼与"三苏"有何关系？

塔子山公园是蓉城市区最大的综合公园，靠山傍水，处处鸟语，四时花香。

园内有九天楼，其名取自李白《登锦城散花楼》中的"今来一登望，如上九天游"一句。

值得一提的是2003年在园内先后发现"三苏"的书法残碑。"三苏"为北宋时著名的文学家，一家就占了唐宋八大家中的三个，曾被世人赞叹道："一门父子三词客，千古文章四大家。"除了苏轼的书法作品比较常见外，苏洵与苏辙的书法作品流传下来的却少之又少。这回三苏残碑的先后发现，自然引起书法爱好者们的浓厚兴趣。

九天楼

如果想一瞻"三苏"的笔力，那么塔子山公园一定是不能错过的圣地。

百花潭公园有着怎样的传说？

《蜀中名胜记》是明人撰写的记述蜀中名胜古迹的书籍。书中记载：浣花溪之处，一名百花潭，溪上民家之女任氏，家境贫微，为人勤劳善良，一日在潭边为病僧洗涤袈裟，莲花辄应手而出，整个水面漂满百花，故名"百花潭"。

自唐代以来，百花潭就一直是成都人心目中理想的郊游胜地。一千三百多年前，杜甫游览至此便有诗云："万里桥西一草堂，百花潭水即沧浪。"

公园内的古树更是有名。其中有一株唐代的银杏桩头，是1986年从汶川胜因寺遗址迁过来的。另外还有两株罗汉松，据考证，是宋代栽植，从名山观音堂移植而来的。

成都的博物馆

三星堆博物馆为何被誉为"长江文明之源"?

三星堆遗址位于四川省广汉市,距成都仅半小时车程,是一座集多种古文化遗存为一体的庞大遗址群,也是四川古代最大最重要的一处古文化遗存。根据科学考察,遗址群的年代最早可以追溯到距今4800年以前的新石器时代晚期,最近也可以追溯到3000年前的商末周初,跨度足有近2000年。从三星堆所出土的大量陶器、石器、玉器、铜器、金器来看,三星堆的文化具有极为鲜明的地方特征,并且可以自成一个文化体系,因此考古学者们将其命名为"三星堆文化"。

三星堆博物馆

三星堆中最引人注目的是它在青铜器时代所遗存的青铜器,以及通过青铜器表现出的上古祭祀以及丧葬文化。其中,三星堆最重要的考古发现便是一、二号祭祀坑。一、二号祭祀坑中陪葬品的埋葬现象在世界上属首次出现,大多陪葬品在埋葬之前就被刻意焚烧和破坏过,而且部分青铜器以及青铜头像不光被严谨地铸造,并且还经过精心的装饰。两坑出土器物的种类,不但有中原夏商时期常见的青铜器、玉石器和陶器,更有许多过去前所未见的新器物,如青铜太阳形器、青铜神树群、青铜眼形器、青铜群像、金杖、金面罩等。两坑出土器物不仅数量多、种类多，而且神秘、精细、规格高，这些都反映了夏商时期古蜀国的青铜铸造技术、黄金冶炼加工技术、玉石器加工技术高度发达，并且属于不被前人熟知的宗教信仰。因此，一、二号祭祀坑不仅是三星堆遗址的精华所在，同时更代表了古蜀文明的极高成就。

三星堆遗址的发现，把四川地区的文明史向前推进了2000多年，为消失的古蜀国的存在提供了强有力的佐证。由于自然地理条件优越，三星堆地区形成了以三面城墙及旁边的鸭子河为防御体系的古城。古城由一个大城和若干个少城组成，分为祭祀区、居住区、作坊区、墓葬区等，体现了古蜀国的高度繁荣。除此之外，最令人兴奋的是三星堆遗址所在的古城具有明显不同于中原夏、商都城的鲜明地域特色。从出土的青铜制品、玉石制品以及黄金制品来看，它们造型奇特、制作精美，富有浓厚的宗教神秘色彩，再加上独具民族和地域特色的设计与工艺，使它们在世界范围内享有极高的声誉。从出土文物中我们也可以窥视到古蜀国手工业的发达与先进。

由此可以说，三星堆遗址是长江文明之源，更是中华文明重要的起源地之一。

四川博物馆中有哪两件镇馆之宝？

四川省博物馆曾名为"川西博物馆"，创建于1941年3月，1952年更名为"四川博物馆"。四川博物馆以巴蜀青铜器、张大千绘画作品、四川汉代画像砖和陶塑等为特色。然而可以称得上镇馆之宝的，便是西周时代的"牛纹铜罍"和"兽面象首纹铜罍"。

罍是一种大型酿酒和盛酒器皿。据考证，罍盛行于商晚期至春秋中期的王公贵族之中，常以青铜为材质并有人像、牛头、象首等格式花纹围绕罍体。《诗经》之中就经常提到罍，在《诗·周南·卷耳》中就有

"我姑酌彼金罍"一句。一定有人会问，我们现在所见的青铜器都是布满铜绿的特别具有沧桑感的脏兮兮的大锅，以前的人怎么可能用它盛放饮食呢？并且顾名思义，青铜器它们的颜色应该是青绿色，那又怎么会有"我姑酌彼金罍"一说呢？原来，青铜器在刚铸造完成时不是我们现在所见到青绿粗糙的样子，而是表面光滑并且金光灿灿。只不过因为青铜器采用铜锡或者铜铅合金制作，几千年沉睡地下，与土壤中的化学物质发生作用，产生了铜锈又难以根除，才导致我们现在所见的青铜器都是锈迹斑斑的脏兮兮样子。

其实，早在西汉时候罍就已经成为王公贵族们炙手可热的藏品。《史记》中记载着这样一件事情。西汉梁孝王刘武是当时极负盛名的收藏家，而在他的众多藏品中，他将一件罍视为无价珍宝，并在死前立下遗嘱，"善保罍樽，无得以与人"。但是梁孝王的儿子梁平王是一个"妻管严"，他的王后任氏听说他有这么一件罍后，便哭天抢地想将这件宝物据为己有，而梁平王也不顾父亲的遗言与众人的劝阻，最终将罍送与了任王后。这件事在梁王宫中闹得沸沸扬扬，一直传到汉武帝的耳朵里。汉武帝闻讯大怒，召集群臣商议，最终决定以梁平王不孝为由，夺去八座城池的封地，并且将任氏斩首示众。这件事史称"梁王争罍"。

可见，罍在两千年以前的汉朝就已经是极为重要的文物了，更何况它们又历经了几千年来到今天，所以"二罍"作为四川博物馆的镇馆之宝当之无愧。

金沙遗址博物馆中的太阳神鸟有什么传奇？

现藏于金沙遗址博物馆的太阳神鸟金饰，是2001年出土于四川成都金沙遗址的一张金箔，经考古学家的研究，可知其制作于商代晚期。太阳神鸟金箔的纯度高达94.2%，这么高的含金量在距今3000多年前的冶金技术条件下，简直是无法想象的。

而太阳神鸟的传奇之处并不局限在它的含金量,它的出土过程也成为传奇。首先,它深埋地下三千年,因为工地挖沟的缘故不小心被挖掘机挖了出来,而它被堆在沟边晒了几十天竟然没有被人发现。沟挖好了,管道也塞进去了,下面开始回填,而太阳神鸟金箔被搅在土堆里回填到沟里,这个过程中它又躲开了人们的视野。回填后就该平整地面了,在平整过程中人们还是没有发现它。而在人们平整完地面之后,还需要每隔五厘米进行一次夯打,因为把地面夯结实以后才可以在上面铺路,

金沙遗址博物馆

而这数不清的夯打过程也丝毫没有伤到太阳神鸟金箔。这九九八十一难都没有伤到太阳神鸟金箔,所以说它的出土过程本身就充满了传奇。

后来,太阳神鸟的形象成为了成都城市形象标识。在标识发布会的宣传片里,成都的上空,有四只金色神鸟翱翔天空,越过江河、民居、田野、广场……所到之处无不留下金色的轨迹。最终,四只神鸟排出了太阳神鸟金箔的图案,下方出现镌刻着"成都"的中英文双语文字。

乌木艺术博物馆为何有"乌木王国"之称?

成都乌木艺术博物馆位于都江堰市,是世界第一家以研究乌木文化、挖掘保护并进行乌木艺术品创作和收藏为主题的大型公益性民办主题博物馆。

在成都乌木艺术博物馆收藏的千余件乌木作品中,既有保留原始形态,成就于大自然鬼斧神工的自然之作,也有在大师们的精雕细琢之下变得巧夺天工,聚显天灵、地珍、人意"三绝"的工艺之作。乌木艺术博物馆通过十余年的时间,打造出了一个无论是馆藏规模还是藏品价值都无疑成为世界之最的乌木王国。

乌木又名"炭化木",深埋于河床之下,经过千百年不断发生的化学变化以及碳化,而最终变得质地坚硬,色泽乌黑发亮,兼具石的神韵与木的古雅。并且乌木的耐腐蚀性极强,历来被视为雕刻艺术工艺品的宝贵原料,在民间有"家有乌木一方,胜得珠宝一箱"一说。成都平原是乌木的主要产区,椐C14同位素测定,成都的乌木断代从三千八百年至二万六千年不等。成都乌木艺术博物馆充分发掘和收集成都的乌木以及乌木文化中的精华,始终站在生态科学的角度,回报大众并且声名远扬。

刘氏庄园的主人是如何发迹的?

刘氏庄园博物馆位于四川成都市大邑县安仁镇场口,占地总面积7万余平方米,建筑面积达2万余平方米,是大地主刘文彩的宅园。

刘文彩的宅园修建于1928—1942年之间,共有房屋三百五十余间。庄园的巷子两旁都筑有高大厚重的砖墙,建筑旖旎奢华,雕梁画栋,廊腰缦回。庄园内部的大厅、客厅、账房、收租院、粮仓、秘密金库、水牢等部分,对研究中国近代封建军阀地主的生活、民俗与研究当时农村人民生活状况等历史课题,都具有非常重大的价值。

刘氏庄园

那么,刘氏庄园的主人是如何发迹的呢?

刘文彩,出生于1887年,字星廷,他的先祖曾是明末时期的小官,后来举家辗转进入蜀地并移居至此。刘文彩的父亲在当时只是一个拥有30多亩土地的小地主,有时还要靠兼营烧酒来弥补家用,这样财力的地主在当时可谓是毫不起眼,生活境遇也没有多好。刘文彩最初只是赶着牲口贩运货物的小生意人,并且他们弟兄6人在青少年时代也都没有什么突出之处。直到1921年,他的六弟刘文辉任川军的旅长,驻防宜宾时,让自己的哥哥刘文彩出任四川烟酒公司宜宾分局长,干得不错又当上了宜宾百货统捐局长、川南税捐总局总办等职,刘文彩这才慢慢发达起来。后来刘文彩的侄子刘湘也当上了大军阀,并且和刘文辉一起控制了川康两省,刘氏家族此时终于暴发起来。庄园也是这个时候才建造起来的。

建川博物馆是因何而建的?

建川博物馆,全称是建川博物馆聚落,位于四川省成都市大邑县安仁古镇,是刘氏庄园所在地,它由民营企业家樊建川所建造。在国内民间博物馆中,它的建筑面积以及展览面积是最大的,而且收藏内容也是颇为丰富的。建川博物馆,一共收藏了1000余万件物品,其中属于国家一级文物的有329件。在收藏界,收藏家们往往为了赚钱都会选择收藏一些唐诗宋词、才子佳人遗物、梅兰竹菊等物品,可是在建川博物馆馆长樊建川看来,这些收藏都太过平淡,并不是他想要的,他所追求的是一种担当和责任,所以他喜欢收藏的是一些有关抗战的文物。他喜欢收藏抗战文物的激情是被曾经看过的一部电影《台儿庄战役》激起的,他的父亲当年就是一个抗日战士,而他也有着11年的军人经历。他认为,一个在历史上受过太多苦难的民族不能失去血性,每个人都必须有责任心。所以,他建立建川博物馆,是希望这座博物馆能够成为增强国民忧患意识和奋

建川博物馆

发图强精神的"钙片"。

正是因为有着这么一个负有民族意识和责任感的馆长,所以建川博物馆的主题自然而然就这样被引发出来,其主题就是"为了和平,收藏战争;为了未来,收藏教训;为了安宁,收藏灾难;为了传承,收藏民俗"。现在的建川博物馆聚落,有着抗战、民俗、红色年代以及抗震救灾四大系列的分馆,与它的主题依次对应,现在分馆已经有30多座,开放的有24座。

三寸金莲陈列馆的地面为什么是凹凸不平的?

三寸金莲陈列馆,在整个建川博物馆聚落众多分馆中是距离大门最远的一个馆,处于聚落最东北的角落。在离它很远的地方望去,就可以发现它特别的地方,不同于中流砥柱馆的大气磅礴,不同于飞虎骑兵馆的严肃刚强,也不同于正面战场馆的庄严肃穆,三寸金莲陈列馆并没有那么刚性以及张扬,而是充满了女性的柔美之气。在它的馆门上隐隐约约可以看见一幅剪影,这幅剪影是一位妇女,发髻有稍许凌乱,身子有点佝偻,穿着有点臃肿,最为显眼但又难以看见的就是她有着一双很难看出形状的小脚。进入馆内之后,人们首先感受到的就是浓厚的女性气息,然后,一抬脚就会发现这里的地面是凹凸不平的,会有一种上山下山的感觉,那您知道为什么这里的地面是凹凸不平的吗?

原来,这是为了让人们感受当年女性同胞们裹脚时走路的感觉。在馆内的墙上有一幅画,画上分别画了两只脚。左边的脚是正常的,看起来非常饱满;而右边的则是一只缠过的脚,形状畸形,呈三角锥状,而且大小只有正常脚的一半左右,并且除了大拇指可以正常伸直之外,其他的脚趾都是生硬地被折在脚下,看起来就好像干瘪的葡萄干。可想而知,就是这么一双脚,走路的时候必定会是颠簸的,就跟人们在这座馆内走路时的感觉相似。

关于缠足的起源，有很多种说法。有的说是在隋朝，有的说是唐朝，甚至于五代、夏商。但是总的来说，在古代，人们对于大脚的女人总是鄙夷的。如明朝开国皇帝朱元璋的马皇后，因为长了一双大脚而被人们所嘲笑。

据史料记载，当年蒙古在中原建立元朝之后，他们对汉人的缠脚习惯不仅不反对，竟然还非常赞赏，所以，缠足的风气就继续发展下去了。到了明朝，缠足的风气更是到达鼎盛时期。后来满族入关，下令禁止女子缠足，但是因为女子缠足的风气已经根深蒂固，所以并没有达到彻底禁止的目的。直到辛亥革命后，缠足之风才渐渐淡化。

如今，在年轻一代看来，缠足是多么的荒诞，令人难以置信。而年轻人进入三寸金莲博物馆之后就能够感受到有关"三寸金莲"的强烈震撼。可庆幸的是，缠足这种陋习已经随着时代的进步而烟消云散了。

郭沫若曾经参观过四川大学博物馆吗？

四川大学博物馆位于四川大学校内，是我国高等学校中第一所综合性博物馆，也是我国西南地区最早建立的博物馆。它从1914年开始准备，到了1919年正式成立。它的原名是华西大学博物馆，当时由一个美国教授戴谦和担任馆长。到了1940年左右，它已经发展成一个知名的博物馆，被冠以"西南最完美之博物馆"的美誉。到了1952年被改名为四川大学历史博物馆。四川大学博物馆这个称谓是在1984年更名的。现在的四川大学博物馆拥有4万多件文物，其中，西南少数民族文物、四川汉代画像石、唐代佛教石刻、明清书画以

四川大学博物馆

及工艺美术文物最具有它们独特的魅力。

那么,郭沫若先生真的曾经参观过四川大学博物馆吗?

四川博物馆从建馆开始,已经有十几万海内外游客来到这里参观,很多专家学者都给予了很高评价。郭沫若先生便是在1950年左右来到四川大学博物馆进行参观的,并且给它题辞称:"川大博物馆收藏颇为丰富,闻系积四十年之力而得此,殊非易易!望善于加以保管并加以系统的研究,对中国文化史将有适当之贡献。"这就是郭沫若先生对四川大学博物馆的评价。

除郭沫若先生之外,还有很多名人雅士来过这里参观,杨振宁博士就是其中的一个。1995年7月,杨振宁博士来到这里参观,之后写道:"我十分高兴参观贵馆,你们收藏了许多精品,陈列方法也非常先进。世界大学博物馆中排名应在前十名之内。希望能捐到巨款,更充实收藏。"

为什么说成都博物馆新馆可以讲述成都的"前世今生"?

成都博物馆现可分为成都博物馆旧馆和新馆。旧馆地址是在成都市东干道南侧原大慈寺内,馆内主要收藏的是成都本地每年出土的各种文物,共有一万多件,这些藏品中珍贵的文物共有数百件,其中最有名的要属古代石刻以及汉代画像砖。在旧馆中陈列了像画卷似的《成都古代史——历史文物陈列》,从而把成都这座城市由新石器时代到鸦片战争这段历史展示出来。成都博物馆新馆的地址是在天府广场的西侧,四川图书馆、四川科技馆、锦城艺术宫等建筑就在它的附近。新馆的设计方案是"合金铜加玻璃",经过那里的人们可以发现,新馆的外表跟金沙遗址以及三星堆出土的很多文物颜色是相似的,呈金铜色,用成都博物馆馆长王毅的话来讲就是有点"金玉良缘"的意思。

那您知道为什么成都博物馆新馆可以讲述成都的"前世今生"吗?

据成都博物馆馆长王毅说："博物馆新馆将是史诗般的画卷，在陈列厅中的每一个文物，都是经过细心挑选的，它们就像一颗颗璀璨的明珠，串联起独特而有韵味的成都故事。"现在，新馆的展陈大纲经过多次调整之后终于被定了下来，那就是《花重锦官城——成都历史文化陈列》。他们在时间以及空间上都作了细致的定位，时间就设定在远古到民国时期之间，空间上则是整个成都市。新馆定下了五个专题，分别是，第一专题：九天开出一成都——远古家园篇；第二专题：不尽长江滚滚来——古代历史篇；第三专题：玉垒浮云变古今——近世风云篇；第四专题：锦城楼下二江流——城市变迁篇；第五专题：锦城丝馆日纷纷——民俗生活篇。这五个专题把成都这座城市从远古时代到民国时期这段历史、城市的变迁过程以及成都市民耳熟能详的成都民俗全部展现出来，人们可以很清楚地感受成都的前世今生以及这座城市的来龙去脉，而且成都历史发展进程中的一些重要事件以及人物都会浮现在人们的面前。这就是成都博物馆新馆为什么可以讲述成都"前世今生"的原因了。

泰迪熊真的具有"魔力"吗？

泰迪熊，是由美国总统罗斯福的昵称来命名的。据说，1902年，美国总统罗斯福在进行一次捕猎活动的时候，没有捕捉到任何动物，同行的人为了安抚他，就把事先准备好的小黑熊绑在树上让他射杀，可能是罗斯福看到小熊之后不忍心下手，就让手下把小熊释放并且当场发誓从此不会猎杀黑熊。后来这件事情在《华盛顿邮报》上以漫画的方式发表，而小熊也被作为一种毛绒玩具以总统的昵称来命名了，这就是"泰迪熊"命名的由来。

从泰迪熊刚刚面世开始，由于它的表情可爱憨厚，而且性格温顺，很快人们就开始喜欢上它了。泰迪熊阿方索和俄罗斯公主杰尼亚的故事更是被叙写成了一段传奇。而后，在世界很多国家都建立了以泰迪熊为主题的博物馆。后来更是被搬上了电视荧屏,现在不仅仅人民群众喜欢,很多明星都开始青睐它。

据说,泰迪熊是有"魔力"的。现在的泰迪熊已经不仅只是作为一种玩具而存在了,它已经逐渐形成了一种凝聚爱与希望的泰迪熊文化。有一项针对英国成年人的调查,总数为6000人,调查结果显示这些成年人在睡觉的时候有三分之一是抱着自己的泰迪熊玩具的,有意思的是这些英国成年人的平均年龄为27岁。据说,连英国王储查尔斯去旅行的时候,都

成都泰迪熊博物馆内景

要带着他的泰迪熊。这就是泰迪熊的"魔力",它可以让人重返童真,也可以带给人们无限的快乐与温暖。

正是因为泰迪熊有"魔力",为了把这份爱与梦想带到中国,韩国泰迪熊博物馆与中国中铁二局联合在中国开办了泰迪熊博物馆,位于成都市的温江金马国际体育城,是目前为止世界上最大的泰迪熊博物馆。馆内一共陈列了1000多只泰迪熊,形象各异,憨态可掬,能够满足喜欢泰迪熊的游客前来欣赏。

中国泰迪熊博物馆与传统的博物馆不同,它不仅向人们展示了来自全球的非常珍贵的限量版泰迪熊,更是要将已经有了百年历史的泰迪文化传承下去。孩子们的梦想是伟大的,但是成年人的梦想更加值得珍惜。而泰迪熊就是珍藏所有人梦想的载体,并且能够将爱传递下去。

四川客家博物馆是中国唯一的综合性客家博物馆吗?

四川客家博物馆于2003年3月经过成都市文化局批准后成立,位于成都市龙泉驿洛带镇老街湖广会馆。在成立的同时举办了"成都东山客家

文化专题展"。现在馆内共有文物600余件，其中有着龙泉驿区历年出土的铜器、陶瓷、铁器、石刻、铁币和燃灯寺的部分物件，还有很多客家人制作的精美饰品。

据说，四川客家博物馆是中国唯一一家综合性客家博物馆。它通过各种实物、图片、雕像、音像以及文字等资料，集中展示了清初时期客家的先民们入川、安居、创业的艰苦历程以及获得的成就。从而反映出客家人坚强以及勤奋的精神。

四川客家博物馆

人们如果来到这里参观，进入博物馆内，可以看到一个老人。据说，这个老人已经有着80岁的高龄，名为谢琼芳。这位老婆婆坐在一个已经有着超过百年历史的织布机前，手里拿着梭子，娴熟地运用着它在织布机上忙碌着。这位老人就是客家人们的一个缩影，勤劳的特质显露无遗。在四川客家博物馆中陈展的一些精致细腻的手工工艺品以及实物，也充分展现出了客家人的手巧以及智慧。在这些工艺品中有一辆辆风格不同的鸡公车，这是当年的客家先祖们进川时运货拉人的主要运输工具。那台极具历史感的织布机便是当年客家人刚入川时自给自足、丰衣足食的劳动工具。正是这些具有闽粤味道的物品，可以让人们感受到客家先祖们迁徙时代的艰辛。

成都的大熊猫

大熊猫是谁最先发现的？

众所周知，大熊猫是中国的"国宝"，全世界只有中国出产大熊猫。但是，最先发现大熊猫这个物种的，却不是我们中国人，而是法国人吉恩·皮埃尔·阿曼德·戴维。

戴维是一名神父，也是一位动植物学家。他从小就热爱自然，喜欢探险。清朝同治六年（1867年），戴维到中国传教，顺便考察中国的野生动植物。他听说四川的山区有很多稀奇珍贵的野生动物，就来到成都华西坝的天主教堂任职，随后又去了宝兴县的邓池沟教堂，做了那里的第四任神父。戴维一边传教，一边从事自然考察、物种命名、标本搜集等科学工作。在他任职的六年里，戴维发现和命名了数十种动植物标本，其中包括大熊猫、金丝猴、扭角羚、苏门羚、短尾猴、亚洲黑熊、绿尾虹雉、雉鹑及多种鹛和朱雀等。而在他的所有科学发现中，最轰动最辉煌的无疑就是对大熊猫的发现了。

大熊猫

1869年3月，戴维在宝兴县境内的一家猎户里，发现了一张挂在墙上的动物毛皮。这张毛皮十分奇特，只有黑、白两种颜色。戴维从未见过如此有趣的动物，于是就向这家猎户询问。猎户告诉他，当地人称这种动物为"白熊"或者"竹熊"。它们很温顺，通常不会伤人。戴维听了很激动，他感觉这种熊将是动物学史上的一个有趣的物种，因此就赶紧出钱雇佣当地的猎人为他抓熊。

1869年5月4日，当地猎人费尽工夫，终于抓到了一只活的白熊。戴维看着憨态可掬只有两种颜色的黑白熊，高兴极了，一会儿称体重，一会儿量身高，进行了科学观察之后，就决定把它带回法国。结果，可爱的黑白熊经不起长路颠簸，还没到法国就死掉了。戴维只好心疼地把它做成标本带了回去，送到了巴黎的国家博物馆展出。

博物馆把这张兽皮展出后，当时谁都不认识。人们看到这个动物有一张圆圆的大脸，眼睛周围有着深深的黑眼圈，像是戴着一副墨镜，于是就认为这张兽皮是假的，世界上根本没有这种动物。但是，博物馆的主任米勒·爱德华兹先生经过研究认为，这种动物跟在中国西藏地区内发现的小熊猫极其相似，因此便正式给它命名为"大熊猫"。从此，大熊猫这个现代名称就诞生了。戴维神父也成了第一个发现大熊猫的人。

大熊猫名称的来历

大熊猫长相可爱，憨态可掬，虽然它被动物学界发现得很晚，但是我国古人对它的认识还是很早的。早在两千年前的《诗经》里，就有对它的记载。那时候，人们对熊猫的称谓是貔貅、白豹。

在古籍中，熊猫的名称很多。除了貔貅和白豹，还有执夷、皮裘、角端、玄貘、貘、白狐、猛豹、猛氏兽、啮铁、食铁兽、林云等古名。这些都是著之竹帛的。而在民间，老百姓对它有另外的称呼。四川大熊猫产地的当地人一般称之为白熊、老熊或者花熊；还有说它是大浣熊的，因为它与浣熊的血缘关系很近，也有人称它为银狗，因为小熊猫叫金狗，大熊猫是白色的，所以叫银狗；叫竹熊，是因为它以竹子为食；叫华熊，是因为它是华夏民族所特有的珍兽。

以上名称都是我国古人对它的称呼。大熊猫这个名称，是西方动物学家给它取的。当时的动物学家认为，这是一个长得像猫的熊科动物，所以正确的翻译应该是猫熊。1939年，重庆北碚区首次展出熊猫标本，说明牌子上写着拉丁文名字。为了和外国人的书写方式保持一致，就采取了从左至右的顺序，在牌子上写下中文名字：猫熊。但是由于当时人们的阅读习惯是从右往左，所以就误读成熊猫了。以讹传讹，一直传到了现在。

大熊猫是食肉动物吗？

在几乎所有关于大熊猫的宣传影像或者图片上面，大熊猫都和竹子在一起。要么是在竹林里玩耍，要么是手捧嫩竹在大快朵颐。人们发现，只要是看到熊猫在吃东西，不管是任何时候，都是在吃竹子。于是大家就想当然地认为，大熊猫是吃素的，是植食性动物。

竹鼠

其实不是，熊猫也吃肉的，只不过很少有吃肉的机会。因为大熊猫喜欢潮湿的环境，爱在湿度80%以上的环境中生活，一般都分布在海拔2600~3500米的茂密竹林里。其他大部分的动物都不能适应这个环境，因此熊猫极少能看到别的动物。在它的栖息地里，只有一种常见的动物，名叫竹鼠，俗称"竹溜子"。这是一种害鼠，专吃竹子的根，导致竹子枯死。但是它的肉非常鲜美，如同当地人所说："天上的斑鸠，地上的竹溜。"因而大熊猫每次碰到竹溜，都决不放过。只要是闻到了竹溜的气味，大熊猫便会追踪过去。竹溜藏到洞里，大熊猫就往洞里喷气，同时用前爪用力拍打洞口，竹溜惊慌出逃，大熊猫便趁机将其按住，用爪子撕去鼠皮，尽食其肉。如果竹鼠不出来，大熊猫就会把洞给挖开，一直挖到底，直到把竹鼠抓获。

整个捕猎过程中,可以看出大熊猫机智、敏捷甚至有些残忍的特点。但是由于每一次捕猎都要耗费很大的能量,而所得到的小动物所含的营养还不足以弥补这些能量,所以熊猫的大部分时间都是在按部就班地吃竹子。

熊猫的一生,基本上要靠吃竹子度过。一个生活在野外的大熊猫,自然采食的植物种类多达50多种,竹类占了一半,并且占所有食物总量的99%。大熊猫的白齿非常强大,是所有食肉类动物中最强大的,但却又非常复杂,跟草食性动物很相似。在漫长的进化过程中,大熊猫还保留着食肉动物的很简单的消化道,而没有草食性动物那样专门用来储存食物的胃,肠胃里也没有能把所吃植物的纤维素发酵成营养物质的共生细菌或纤毛虫,所以为了获得营养,熊猫的唯一办法就是不停的吃。快吃快拉,随吃随拉。一只成年大熊猫,春天的时候,每天都要吃掉10~18千克竹子,或者30~38千克竹笋,同时又要排出十几千克的粪便,这才能维持正常的新陈代谢。完成这些需要花费的时间是12~16小时,占一天时间的一半还多。这就意味着,在大熊猫的生活里,除了睡,就是吃。

大熊猫的进化史

经考古学家研究发现,最早的大熊猫——始熊猫的化石出土于云南的禄丰和元谋,鉴定化石的地质年代可以知道,那是在800万年前。经过长期的进化和自然淘汰,跟大熊猫同时代的物种基本上都已经灭绝了,只有大熊猫存活了下来。因而大熊猫被称为考古界的"活化石"。

始熊猫是从熊类演变而成的以肉食为主的最早熊猫,它们是现代熊猫的祖先。始熊猫的主支在中国的中部和南部不断演化,到300万年前的时候,出现了一种卵生的熊猫。这个时候的熊猫,已经开始大量地吃竹子了。到后来,熊猫族群开始向亚热带发展,足迹遍布华北、西北、华东、华南、西南,甚至越南和缅甸的北部也有熊猫的化石出土。由于长期生活在亚热带环境里,熊猫渐渐适应了以吃竹子为生。它们的臼齿依然发达,如同食肉动物,但是爪子的五指之外又长出一节指头,是从腕骨特化而来的,学名叫做"桡侧籽骨",专门用来抓竹子。

不过,大熊猫的消化系统还保留了祖先的特性。犬齿锋利、爪子锋利、消化道也很短,完全都还是食肉动物的特征。因此,它只是一个表面的"素食主义者"。

小熊猫跟大熊猫有何区别?

日常生活中,人们不仅听到过大熊猫,也听说过小熊猫,还有小熊猫牌子的香烟呢。很多人都认为,小熊猫就是年龄、个头比较小的熊猫。其实不是,小熊猫是另外一种物种。它跟大熊猫截然不同。

小熊猫的外形很像猫,比猫大,但是总体重只有大熊猫的十分之一。它属于浣熊科,毛色是棕红色的,不像大熊猫那样,仅有黑、白两色。从外形上看,它与浣熊十分相像。小熊猫的尾巴很长,有花纹,因此又名"九节狼"。主要生活在海拔三千米以下的竹林里。平日栖居在大的树洞里,或者是岩缝里。早晚出来觅食,白天爱睡觉。有时候也爱到向阳的山崖上晒太阳,所以四川当地人称之为"山门蹲"。

小熊猫

小熊猫走路时步履蹒跚,跟熊很类似。它们视觉和听觉都不灵敏,嗅觉也一般。喜欢吃竹笋和嫩的竹叶,各种野果子、苔藓,有时候也捕食小鸟和小昆虫。它们非常爱干净,每次吃完食物都会用掌擦嘴和脸,或者用舌头舔洗。这一点,倒和猫非常像。

小熊猫的稀有性要低于大熊猫。大熊猫是中国仅有,小熊猫却分布于南亚的不丹、尼泊尔、缅甸、印度等几个国家。中国境内的小熊猫主要分布在西藏的喜马拉雅山南麓和云南、四川等地。随着人类活动的增加，小熊猫的栖息地减少了40%，严重影响到了小熊猫的生态环境。目前中国的小熊猫数量仅剩3000~7000只，属于国家二级保护动物。

淑女与熊猫的故事

大熊猫的标本在法国亮相之后，轰动了西方各国。许多探险家和动物学家都不远万里来到中国，想要捉一两只熊猫带回国。连时任美国总统罗斯福的两个儿子，也跑到了四川的大山里捕捉大熊猫。两兄弟先是到了戴维发现大熊猫的四川宝兴县，结果一无所获。后来又受当地人的指点进入大凉山，在那里打死了一只大熊猫，然后做成标本带回了美国。同时欧洲很多国家都来中国捕捉熊猫，但是都没能捉到活的，带回去的都是标本。

1936年，在戴维发现大熊猫之后的67年，纽约的一位女服装设计师露丝嫁给了探险家比尔。两人婚后两周，比尔就奔赴中国寻找大熊猫。结果刚到上海不久，比尔就因病不治而亡。露丝伤心不已，看到丈夫为了探险而死于蜜月之中，决心完成丈夫的遗志，就在丈夫去世的两个月后前往四川。

当时露丝的探险队仅有两个人，另外一人是25岁的华裔美籍人杨昆廷。两人顺利到达成都，进入汶川的森林里，然后开始了艰难的捕猎过程。当年11月9日，历经半年多的时间，杨昆廷终于从一个树洞里找到了一只冻得已经麻木的熊猫宝宝。露丝如获至宝，便用杨昆廷妻子的名字，给熊猫取名为"苏琳"。两人不作停留，立即带着"苏琳"回到成都，然后坐飞机飞到上海。

虽然当时西方各国对熊猫非常渴求，并且也知道这是一种濒临灭绝的稀有动物，但是中国人对于熊猫的特殊性还不甚了解，因此并没有相关文件限制熊猫的出境。不过露丝还是未能获准出境。她的麻烦不是因为逮了大熊猫,而是她入境的手续就不全。当时的中国正处于备战状态,任何可疑的外国人都有可能被视为间谍。最后露丝贿赂了相关人员,她把"苏琳"装在一个柳条筐里,在海关登记表写上"随身携带哈巴狗一只",然后蒙混过关,登上了返回美国的轮船。

当露丝所乘坐的轮船还在太平洋上行驶的时候,她带着熊猫的消息早已传遍了美国。圣诞节前一天,轮船在旧金山靠岸,惊喜的美国人在码头上举行了盛大的仪式,他们给"苏琳"准备了最豪华的套房,举办隆重的庆祝晚会。人们都陷入狂欢之中。这只还未长大的熊猫被送到不同的城市展览,所到之处万人空巷。展览之后,关于"苏琳"的收留,许多动物园又展开了激烈的竞争。最终芝加哥的布鲁克菲德尔动物园得到了苏琳。人们又潮水般地涌向这家动物园,一下子就打破了该动物园的单日入园最高纪录。关于苏琳的一切,都成了新闻的中心。商人们争相赶制大熊猫形象的产品,时髦女郎们的衣服上都印着大熊猫的图案。

不幸的是,熊猫苏琳只活了一年就死去了。它被做成标本陈列在博物馆里。露丝和它的故事也被写成书,并改编成电影搬上荧幕。

大熊猫在国外的经历

大熊猫苏琳在美国引起的反响和带来的巨大利益,驱动着西方各国都竞相到中国捕捉大熊猫。1936年到1941年,美国通过成都的教会学校华西大学,弄走了9只大熊猫。英国人丹吉尔·史密斯更是耐心惊人,他为得到大熊猫,在熊猫产区待了20年。从1936年到1938年的三年里,一共收购了9只活

大熊猫在英国

的大熊猫，带回英国后，有6只活了下来。

1938年12月，伦敦动物园通过走私商买到了3只熊猫。伦敦动物园按照中国的历史朝代，给它们分别取名为"唐""宋""明"。"二战"期间，那只叫做"明"的大熊猫曾经作为大使，拍摄反纳粹宣传片，鼓舞英国民众抗战的士气。当时英国和美方的军方媒体多次把"明"的表现登上报端，照片上，"明"在德国空军的轰炸之下，自信淡定，毫不惊慌，安之若素。"明"的镇定态度让当时的人们觉得非常不可思议，也给了他们极大的自信。当"明"去世的时候，伦敦的报纸刊发了它的讣告："它可以死而无憾，因为它给千百人带来了快乐"。

1958年冷战时期，一名奥地利的动物贩子用一批欧洲动物与北京动物园交换，换到了一只大熊猫。动物贩子事先已经跟美国的动物园约好，到手后立马转卖给他们。但是由于当时的政治环境所限，美国禁止与中国进行贸易。所以这只名叫"姬姬"的熊猫未能进入美国。几经周折下，伦敦动物园买下了"姬姬"。到了伦敦之后，"姬姬"一直是动物园的大明星。它非常贪食，爱吃巧克力，很多游客去看它的时候，都会带巧克力给它。世界自然基金会熊猫标志的设计原型就是"姬姬"。

1972年，"姬姬"衰老而死。许多英国民众都感到很悲伤，他们主动去动物园为"姬姬"哀悼。

熊猫外交

由于熊猫是中国的特有产物，别的国家和地区都没有，"物以稀为贵"，熊猫就成了极其珍贵的动物。许多国家都以拥有一只熊猫为荣。所以我国政府就利用熊猫，展开了外交活动。

从1957年到1982年的26年里，中国共赠送给9个国家23只大熊猫：

1957年，赠送一只大熊猫平平给苏联，后又赠送一只安安。两只熊猫都被放入莫斯科动物园；

1965年至1980年，我国政府送给朝鲜民主主义人民共和国丹丹、三星、琳琳等五只大熊猫，放入了朝鲜中央动物园；

1972年4月送给美国一对大熊猫：玲玲和兴兴；

1972年10月赠送日本一对大熊猫：兰兰和康康。1980年又赠送日本一只雌性大熊猫欢欢，1982年送给日本一只雄性大熊猫飞飞；

1973年赠送法国一对大熊猫燕燕和黎黎；

1974年4月赠送英国一对大熊猫佳佳和晶晶；

1974年11月赠送前联邦德国一对大熊猫天天和宝宝；

1975年9月赠送墨西哥一对大熊猫迎迎和贝贝；

1978年9月赠送西班牙一对大熊猫绍绍和强强。

1982年以后，由于大熊猫的生态环境恶化，熊猫数量急剧减少，中国不再向外国赠送大熊猫。1984年，大熊猫与时俱进，不再担任"友好大使"，而是戴上"商务参赞"的头衔，开始创汇，为祖国的现代化建设做贡献。从外交领域转入经济领域，开启了著名的"熊猫租借"方案。根据这个方案，国内的林业部门和动物园向外国动物园租借大熊猫，赚取对方的租金。不过后来这一政策导致国内相关部门为赚资金争相出口熊猫，大量捕捉，严重影响了大熊猫的生态保护。随后我国停止了对熊猫的商业出租活动。

香港回归后，1999年3月，中央政府送给香港特区政府一对大熊猫"佳佳"和"安安"，后来为庆祝香港回归祖国和特区政府成立10周年，又送给香港一对大熊猫"乐乐""盈盈"。

澳门回归时，中央政府送给澳门特别行政区一对大熊猫"开开""心心"，以表示同为一家亲。

成都的民俗特色

成都人生活节奏不紧不慢，有各种各样的娱乐方式。听川剧绝对是主要消遣方式之一。坐茶馆喝茶，听评书，都是成都人的日常娱乐活动之一。

成都方言幽默风趣，诙谐搞笑。他们要讽刺一些喜欢出风头但是举止很不好的人的时候，就会说："抱鸡婆打摆子——又扑又颤"；说人老牛筋，就是老顽固的意思；说人吃得太少的话就叫"猫儿饮食"……

成都物产丰富，有着五花八门的土特产。有历史悠久的蜀绣，有营养价值很高的云顶明参，有青城茶、蒲江雀舌茶、屏山茶、鹤鸣贡茶。

成都人的休闲娱乐

川剧是怎样形成的？

川剧的起源可以追溯到先秦时代乃至更早的时期，《宋玉对楚王问》中有"其为下里巴人，国中属而和者数千人"。所谓"下里巴人"，就是指四川民间通俗的歌舞或者歌者舞者。据《太平广记》及《稗史汇编》等文献资料记载，自蜀郡守李冰起，便有《斗牛》之戏。三国时期，更是出现了四川第一曲讽刺喜剧《忿争》，成为川剧喜剧的鼻祖。

到了唐、五代时期，出现了"蜀技冠天下"的局面，可谓是历史上川剧最为鼎盛之时。这一

川剧表演

时期常演的剧目有《刘辟责买》《麦秀两岐》和《灌口神》等。并出现了中国戏曲史迄今为止最早的戏班，即《酉阳杂俎》中所载的干满川、白迦、叶硅、张美和张翱五人所组成的戏班。

从《斗牛》到宋杂剧《酒色财气》，历时千有余年，它们都属于地地道道的"四川戏"，可以视为广义的川剧。而现代意义上的川剧，应该是明朝时期，在宋元南戏、川杂剧、元杂剧基础上产生的"川戏"。

到了清代，川剧由昆曲、高腔、胡琴、弹戏和灯戏五种不同的声腔杂陈，晚清时期，出现了五腔共和的新局面，各类声腔的特色剧目和保留剧目开始形成。其后的川戏改良运动，成立了"戏曲改良公会"，集资兴建了"悦来茶园""蜀剧部"等演出场所。川剧艺人还自发组织了"三庆会"，川剧才开始真正地兴盛起来。不仅出现了一大批名角，创作上也多有突破，流行剧目更是多达七百余个。

川剧是四川文化的一大特色。它是在本地文化的基础上，吸纳其他剧种的长处，杂糅而成。语言生动，风趣幽默，充满鲜明的地方腔调，是川蜀文化的集中体现。若是入川，不可不看。

川剧都有什么流派？

川剧除象旦行浣派、丑行傅派、曹派等以杰出艺人称派外，主要则是按流行地区分为四大流派。这四派，俗称"四大河道"，是按四川省内的几处河道河流的名字分派的。它们分别是资阳河派、川北河派、下川东派和川西派。这几种不同特色的流派，其艺人的师承关系和风格也各有不同。具体如下：

一是"资阳河派"。资阳派主要在自贡及内江地区各县市，以高腔为主，艺术风格最谨严、精细；

二是"川北河派"，主要分布在南充及绵阳的部分地区，以唱弹戏为主，受秦腔影响较多，声调粗犷豪放；

三是"下川东派"，主要在以重庆为中心的川东一带，此流派戏路比较杂，声腔多样化，吸纳中原剧种文化较多，尤其受徽剧、汉剧影响为最大；

四是"川西派"，主要在以成都为中心的温江地区各县，以胡琴为主，形成独特的"坝调"。

川剧的唱腔主要有哪几种?

川剧在形成过程中,先后吸纳了外来的昆、高、胡、弹声腔,源于本土的灯戏,也吸收了江南塞北的民间小调,才逐渐演变成自己的声腔。其主要唱腔分别是昆腔、高腔、胡琴腔、弹戏和灯调。

川昆,由江苏的昆曲演变而成。江苏的昆曲于明代后期流入四川。到了清朝,大量移民的现象出现,其中不乏官宦和社会名流,而这些名流们又多是江南人,嗜好昆曲,因此也携带着家班入川,昆曲就随之入川。昆曲到了四川后,在唱腔上保留了原先的曲调,但为适应四川观众,唱白都改用了四川方言,成为"川昆",以"二下锅""三下锅"的组腔形式进行演出,或以昆腔与其他声腔的组腔方式融入戏中。同时,又习惯地把吹腔融进昆曲声腔。就这样,昆曲在长期与四川方言、民间音乐、川剧锣鼓的结合中,慢慢演变为具有四川特色的昆曲——川昆。

川剧《盗仙草》

1912年,昆曲戏班"舒颐班"入盟"三庆会",昆腔成为川剧五种声腔之一。

高腔的主要特点是:行腔自由,不用伴奏,只用一副拍板和鼓点调剂节奏,婉转悠扬,铿锵有力,并有帮腔相和。打击乐器是大锣大鼓,贯穿曲牌始终,使帮、打、唱三者紧密结合。在演唱过程中,宣叙调与咏叹调交替使用,帮腔与唱腔互为增辉,加之以密锣紧鼓,使舞台气氛变化无穷。高腔是一种一唱众和的徒歌式声腔,不托管弦,非常口语化,与四川方言和地方的秧歌说唱等民间艺术紧紧结合,曲牌众多,又有帮腔、打击乐(锣鼓伴奏)烘托,深受四川人民喜爱。自民国元年组成"三庆会"始，逐渐成为川剧的主要声腔。

胡琴腔，又叫"丝弦子"，以小胡琴为主奏乐器，它从徽调、汉调发展而来，并吸收了陕西汉中二簧的成分，与西皮、二簧的音乐结构基本相同，但是它的腔调、板式、过门等都有自己的特点，而且是用四川方言演唱的。乾隆年间就已经在四川风行。

弹戏，又叫"川梆子"，是秦腔在四川的流变。它改"陕白"为"川白"，同时又与胡琴、高腔等声腔和川剧锣鼓逐渐结合，组腔演出，不少川剧剧目都是以弹戏为主腔，又融入胡琴、灯调的。弹戏包括情绪极不相同的两类曲调：一类叫"甜平"，主调是表现欢欣、快乐；一类叫"苦平"，主调是表现哀愁、苦痛。板式有"一字""二流""三板""垛板""倒板"等。

灯调，源自四川民间灯会习俗和民间歌舞、音乐，主要声腔以"胖筒筒"伴奏，和以民间小曲，亦称"胖筒筒"。它在发展过程中，吸收了南北小曲，乐曲短小，旋律明快，长于表现诙谐风趣的喜剧场面。灯调在运用时，采用曲牌相连的形式，因为乐曲比较短小，所以演唱时，一首乐曲大多配上若干不同的唱词反复地唱。

川剧的脸谱有什么独特之处？

脸谱，在川剧的表演上占有很大比重，若没了它，就等于取消了川剧传统戏，很大程度上削弱了川剧的艺术性和表现力。因为脸谱代表着一个人物的固有形象，意义非凡。

首先在色调上，脸谱象征着人物的类型。任何一张脸谱，无论图案多么复杂，都会有一个"主色"作为基本的色调。这个色调便代表了这个剧中人物的类型。通常，红色是代表忠诚勇猛的人物，如关羽。黑色代表正直坦率的

关公脸谱

人物，如张飞、李逵、包公等。白色则表示奸诈，如曹操。这些人物形象都被脸谱的颜色表现出来，使人一眼便可知道他的基本属性。

脸谱色调的象征意义并非完全是艺术虚构，其创作过程往往来自生活。如性情急躁、刚烈的人，常常"脸红面胀"，被称之为"红脸关爷""红脸汉"；而身体不好、体质虚弱的人，则面黄肌瘦；整日在田地里劳作的人，往往"黑不溜秋"；而达官贵人中的奸险之徒，养尊处优，饱食终日，无所事事，就白白净净……这便是脸谱色调的生活来源。只不过把它艺术化，变得更加典型罢了。

其次，脸谱能外化人物恩德、内心情感。可以说，察"颜"以观色。从人们的脸色和面部表情，就可以看出其内心的态度。川剧脸谱正好艺术地反映出这一特点，将人物的内心"外化"和"物化"，并使之形象化。例如曹操在历史上是有名的政治家、军事家、文学家，而在川剧舞台上则不然，他变成了阴谋家、野心家、大奸雄，为了舞台需要，脸谱艺术家们就会依据他的生活经历，不断变换着他的脸谱：在《议剑献剑》中，他还处于寄人篱下的地位，野心勃勃而不得志，所以给了他丑角，脸谱为"猪腰子"；刺杀董卓失败后在逃跑的路上暴露出他的多疑和残忍，就在《杀奢》中用花脸应工，脸谱为"大花脸"；当他得势之后成了"大奸雄"时，在《群英会》中脸谱则勾大粉脸。可见川剧脸谱虽名之曰谱，但在具体运用上却是因人制宜、因时制宜、因事制宜，颇具灵活性，与"歌谱""乐谱"等大不一样。

不仅如此，脸谱还可以美化人物形象，使剧目变得更加好看，给观众一种美感。同时还可以表现出川剧艺术家们的美丑观，对于剧中人物有着鲜明的爱憎和思想倾向，是川剧的舞台上不可或缺的艺术道具。

川剧中有几大角色？

川剧分小生、旦角、生角、花脸、丑角5个行当，各个行当均自成体系，各有成法。尤以文生、小丑、旦角的表演最具特色，在戏剧表现手法、表演技法方面多有卓越创造，能充分体现中国戏曲虚实相生、遗形写意的美学特色。

变脸的脸谱多用哪些人物的造型？

变脸是川剧表演中的一种特技，用于揭示剧中人物的内心感情及思想态度的变化，即把不可见、不可感的抽象情绪和心理状态变成可见、可感的具体形象——脸谱，通过不同的脸谱显示出来。

最初的脸谱是纸壳面具，后来发展为草纸绘制，表演时以烟火或折扇掩护，一层层揭去。新中国成立后，随着科技的发展，制作脸谱的材料也发展成为现在使用的绸缎面料，极大地方便了演员的表演。变脸脸谱通常只会选用一些不知名人士，例如侠士、鬼怪之类的造型，而人们已经很熟知的脸谱，如关公、曹操、包公等人物的脸谱一般不用于变脸，这种脸谱的绘制笔锋要粗犷，颜色对比要强烈，这样才能形成炫目的舞台效果。在颜色的设计上，要以剧中人物的道德品质

川剧变脸

和角色种类为依据，加一些不同的寓意，或歌颂赞扬、或揭露讽刺等。变脸的手法分为抹脸、吹脸、扯脸、运气变脸。抹脸是根据需要将化妆油彩涂在脸的特定部位上，如果需要变整张脸，就把油彩涂在额上或眉毛上，如果只变下半部脸，则将油彩涂在脸上或鼻子上。吹脸是把金粉、银粉、墨粉等粉末状的化妆品，装进特定的容器里，表演时，演员将脸贴近容器一吹，粉末就会扑在脸上。扯脸则是事前将脸谱画在绸子上，然后按顺序贴在脸上，脸谱上系有一把丝线，丝线的另一端系在衣

服的某一个方便拉扯的地方，视剧情的需要，在舞蹈动作的掩护下，一张一张地扯下来。运气变脸则需要演员具备此技能——传说已故川剧演员彭泗洪在扮演《空城计》中的诸葛亮时，就曾经运用气功而使脸由红变白，再由白转青，表现诸葛亮在得知司马懿大军退去后的心理变化。

四川评书的发展历史是怎样的？

四川评书又称白话演说、评话，是四川汉族民间曲艺品种。流行于四川及云、贵部分地区。表演者用四川方言夹叙夹议地讲说故事，道具通常只有一张桌、一把折扇、一方醒木。开讲前说书人拍醒木以提醒听众，烘托气氛。折扇用作模拟物体。四川评书历史悠久，源于唐代的"说话"及明代的"评话"，而盛于清朝。咸丰后四川评书盛极一时。

四川评书

据《成都通鉴》记载，最早的四川评书，是在市井之中搭棚设台，台上置灯笼，写有"评书"二字。说书人手拿折扇、退开弓步，声情并茂地讲述两军对垒、吼喊厮打、战场交锋等场面，动作一惊一乍，给人亲临之感。由于表现手法的不同，四川评书分"雷棚"和"清棚"两种。雷棚主要是以讲史和金戈铁马一类的书目为主，重在武讲，讲究动作语言上的摹拟形容。鼓响金鸣，则都通过艺人之口来表达。清棚则以说烟柳粉巷之类的风情故事为主，重在文说，谈吐雅致，讲究以情动人。此外，还有文武兼备的一派，书路较前两者宽广，这一派喜好编写与大众生活比较贴近的书目。

四川评书的传统书目，经过历代艺人的积累和加工，内容日渐丰富，有"墨书"与"条书"之分。墨书是根据演义和小说改编的书目，有《水浒》《隋唐》《包公案》《济公传》《聊斋》《说岳传》《文武榜》（据弹词《再生缘》改编）等。条书是艺人原创的书目，有《王三槐反达州》《金鸡芙蓉图》《铁侠记》等。还有一部以抗日战争为背景的《重庆掌故》。新中国成立后，四川评书演出了不少根据现代小说改编的红色革命书目，有《林海雪原》《平原枪声》《红岩》《王若飞在狱中》等。

您了解四川善书吗？

四川善书是指说书人有说有唱地讲故事。因为内容大多是劝人为善和宣传忠孝精神的，所以称为"善书"。又称对谕、宣讲、据言。起源于明代善书，又称宝卷、宣卷。清代统称为圣谕，相当于朝廷的官方喉舌，统治者对此极为重视，规定了一套封建仪式。从而在四川各地广为流传。

早期的唱善书者均为学官先生或贡生等生员。嘉庆、道光以后，民间艺人日渐增多，一些善书艺人借鉴川剧高腔音乐，将高腔曲牌《幽冥钟》《红衲袄》作为善书的主要唱腔，逐渐形成了带有川剧高腔味的新腔。

老成都人为何喜欢去茶社？

有句老话：北京衙门多，上海洋行多，广州店铺多，成都茶馆多。全民坐茶馆，是成都最独特的风景。无论何人，在此都可以找到适合自己的茶馆。身边的成都人，都坐在茶馆里，或喝茶读报纸，或围坐搓麻将，一副悠

成都茶馆

哉游哉的模样。

"坐茶馆"是成都人的一种特别爱好，他们爱好悠闲的生活，因此茶馆遍布城乡各个角落。虽然大小不一，但基本设备都是一样的：竹靠椅、小方桌、三件头盖茶具、老虎灶、紫铜壶，当然，还有一个忙上忙下的堂倌。茶馆里有"三件头"：瓷盖、瓷碗、金属托盏。托盏中间有一凹坑，使瓷碗角正好嵌进去，不易翻倒，又称茶船。

成都茶馆除了提供休闲之外，同时还是重要的社交场所。旧社会三教九流都在此聚会，把茶馆当作交友聚会的好去处，因此也成了群众极好的娱乐场所。说书的、表演曲艺的都在茶馆里进行。这种形式一直保留到现在。有的茶馆还是川剧票友的聚会之地，他们常邀在一起坐唱，经常围得水泄不通，"打围鼓"一名就源于此。可以说，一个茶馆，就是一个成都社会的缩影。

老成都的滚铁环是怎么回事？

滚铁环在全国许多城市过去都受孩子的喜爱，但在老成都是个个男孩都会的一种游戏，具体玩法是手握一只长柄铁钩，钩子的前端钩住铁环，然后发力推着铁环向前滚动。技艺高超的孩子可以让铁环一直行进而不倒下，即使经过很多凸凹的路面也

滚铁环雕塑

运作自如。这种游戏是对人的耐心和平衡技巧的考验，是一种非常有益于少儿身心健康的运动。

其实，不仅成都有这种游戏，全国各地都有。20世纪六七十年代的时候，滚铁环在全国风行。孩子们手捏一根铁棍或铁丝，顶头弯成"U"字形，卡住铁环往前推行，滚动时发出响声。在孩子们看来，滚着一个

铁环上学,是非常风光时髦的事。

什么是"游喜神方"?

春节的"游喜神方"活动,在四川一带颇为流行。喜神,就是能带来好运带来喜事的神;方,就是方向,指的是喜神所在的方位。推究起来,早在宋明时期,成都的某些道观中已流行喜神、喜神方的观念,并经常举行"接喜神"的活动。

"游喜神方"

最初的喜神,有着几种不同的含义。一指祖先、父母生时所画之象;二指某些花草神;三指吉祥之神;四指儒家文化中祠庙、家庙里的忠义塑像。明清时期,道教盛行,许多道书中都明确每年、每月、每日喜神所在的方位。如《六十花甲子喜神方》等,指明每一干支日喜神所处的方向。

在我国传统的方位观念中,南方与五色中的赤色、五行中的火,是一个概念。早在古蜀国时期,蜀人便有了以南方为尊的观念。后来这种观念为中原人所接受。因此不管是民间住宅还是朝廷衙门、帝王陵墓等,其方位都是坐北朝南。成都武侯祠正位于成都南郊,更加具备了这一条件。而且武侯祠中供奉的人物,诸葛亮是"忠"的典型和智慧的化身,刘备、关羽、张飞是"义"的典范;关羽是民间公认的武圣人、武财神;无一不是具备了喜神的所有要素。所以在清代中晚期及民国时期,成都人流行在大年三十晚,或正月初一早,带着家人到武侯祠去烧香拜神,称此为"游喜神方",以求得到福气。同时还会在武侯祠外抽签问卦、算命看相。此外,要结拜兄弟拜把子的,也会选择来到武侯祠膜拜刘、关、张,效仿他们的义盖云天。成都的一些行帮,屠宰业以张飞为祖神,草鞋业以刘备为祖神,也选择在这一期间来祭祖神;学书法的，也去武侯祠临摹《三绝碑》。

总之，"游喜神方"是成都最流行的春节活动，也是最热闹的活动。清人傅崇矩在《成都通览》中曾写道："正月初一游各庙，以武侯祠为热闹。"又说："初一日、初五日、初九日、十五日，均游武侯祠。"春节将近一半时间都在游武侯祠，可见其热闹程度非同一般。

正月初五要祭财神吗？

在中国，每当过年的时候人们就会在家里供奉神祇，而财神就是其中之一。不同的地方有着不同的风俗习惯，我国的北方大多都是在正月初二的时候祭财神，南方则大多是在正月初五，而成都就是在正月初五祭财神的。

因为在我国的传统观念中，财神是负责全天下黎民百姓财富的神仙，如果能够得到他的庇佑，就可以财源广进，腰缠万贯，过上富足的生活，所以才会有许许多多的百姓将祭财神看做一件特别重要的事情。

初五祭财神场面

在成都，祭祀财神也是一件非常严谨的事情。由于在民间流传的财神很多，所以人们在祭财神的时候要选择好自己所需的财神。财神大致可以分成文财神和武财神两类。一般担任文职或者是在外打工的人都会选择文财神，而那些从事武职工作的，比如公安、士兵和一些自己经商的人就会选择武财神。

文财神中有财帛星君和福、禄、寿三星。相传财帛星君是天上的太白星，他被玉皇大帝任命为"都天致富财帛星君"，职责就是负责天下的金银财宝，所以，人们为了求财，很多都选择财帛星君进行祭祀。在福、禄、寿三星中，其实只有"禄星"是财神，由于三星一直都是在一块的，所以其他的两星慢慢也被视为财神了。福、禄、寿三星各自代表的意义是不同的，"福星"代表家丁兴旺的福气，"禄星"代表的是事业顺利、增财添禄，而"寿星"则是代表富贵长寿了。

武财神也有两个，第一个是赵公明，而另一个就是大名鼎鼎的关公关云长了。赵公明，也可以叫做赵玄，黑口黑面，相传他可以降妖除魔，并且能够招财进宝，在我国北方很多商人祭财神的时候会选择赵公明这位武财神。关公，因为很多民间艺术会通过各种方式将这个人物诠释出来，所以人们对他是特别熟悉的。他不仅仅忠勇义气，并且可以招财进宝和辟邪，在南方人们更喜欢祭祀关公这个财神。

正月初七为何被称为"人日"？

正月初七，新年的气息还是十分浓厚的。在民间，人们还把正月初七称为"人日"，您知道这是为什么吗？

传说在上古时期，女娲创造苍生，在前六天分别造出了鸡、狗、猪、羊、牛、马这六种动物，而人则是在第七天的时候被创造出来的。因为这几天分别是这些动物包括人在内的生日，所以，在古代的时候，人们便将正月初一称为"鸡日"，初二称为"狗日"，以此类推，初七便被称为"人日"了。这就是正月初七被称为"人日"的原因。现在正月初七已经成为一个位于春节当中的一个小节日了，被称为"人日节"，也叫做"人胜节"。

据说，这个节日从汉朝开始就已经存在，只不过当时只是在当天进行一些简单的占卜活动。到了魏晋时期，"人日节"逐渐被重视起来。当时，有一种头饰名为"人胜"，到了正月初七的时候，人们就会戴上它，这就是正月初七也被叫做"人胜节"的原因。在当时的这一天，人们不只是戴上"人胜"，还会剪一些彩花和小彩人，把它们贴到屏风上或者戴在头上，进行一些祈祷活动。唐朝之后，这个节日更加被人看重。根据高适的《人日寄杜二拾遗》诗中所说，"今年人日空相忆，明年人日知何处"，说明唐朝的人日节，已经不仅仅只进行一些祈祷活动，而是在这个基础上增添了一些怀念亲友的气氛，这就是为什么如今出门在外的人们在年前的时候必须赶回家，过了初七才开始离家的原因。

元宵节为何要放"孔明灯"？

"孔明灯"，顾名思义，是跟孔明有关的。据说当年诸葛亮六出祁山的时候，被司马懿困在了平阳，无法求援。于是他夜观天象，算准风向，用纸和竹篾做成灯笼，系上求救的消息，把灯笼放了出去，后来援军果然赶来，诸葛亮由此脱险。所以后人往

孔明灯

往爱放孔明灯，在灯笼上写着祝福的字句，以求得到好运。也有人说，孔明灯只是因为外形很像诸葛亮的帽子而得名，并没有那么多说辞。

但还有一种说法，与上述两种说法大相径庭。是说道光年间，福建等地的山区闹土匪，土匪一来，人们都躲到山上，只留下几个人在村里留守。等土匪走了之后，村里的人就在夜里放天灯作为信号，告诉山上避难的村民，可以回来了，村里已经平安。由于当日从山上回来的日子正好是农历十五元宵节，因此那里的村民们就在每年元宵节放天灯作为纪念（天灯又叫"祈福灯"或"平安灯"）。

老成都人过元宵节时的"四偷"是什么？

元宵节，又被称为"上元节"，是中国人民的传统节日之一。在古

代，人们把晚上称为"宵"，因为正月十五是每年的第一个月圆之夜，所以就把它叫做元宵节了。早在秦朝时期就已经有元宵节了，但是直到汉文帝时期正月十五才被正式定为元宵节。之后，司马迁创建了"太初历"，将元宵节确定为重大节日。在元宵节当天，有很多很多有趣的民间习俗，如吃元宵、猜灯谜、赏花灯等，除此之外，在一些地方，也有很多比较"另类"的风俗习惯，而老成都人过元宵节时的"四偷"就是其中的一种。

"四偷"，就是指"一偷汤圆二偷青，三偷檐灯四偷红"。在这四偷里面除了偷青是为了强身健体之外，其他三偷的目的都是为了求子。

"偷青"，就是说去菜园里偷一些蔬菜，并且大多数都是去别人家的菜园。根据祖辈传下的习惯，自己家的菜被别人偷走之后，是不可以生气而且不能阻拦的，因为被偷得越多，就会越有福气。当然，人们也会去别人家的菜园偷，把菜偷回来之后做给全家老少吃，据说吃了偷回来的菜之后，身体就会特别健康，不会生病。所以，到了元宵节晚上的时候，成都的人们就要开始活动了。因为四川话中的生菜谐音为"生财"，萝卜为"彩头"，人们为了在新的一年里可以发财并且有个好的开始，所以这两样就成了必偷的蔬菜。

剩下的三偷都是以求子为目的的偷，就以偷檐灯为例子吧。偷灯的习俗在很早的时候就已经存在，根据《岁时广记》记载，宋朝时，人们在正月十五如果去了别人家把灯偷回来放到自己床的底下，就可以在正月的时候怀孕。在成都有一个民谣是这么说的，"偷了刘家的灯，当年吃了当年生"，每到元宵节的晚上，每家每户都会挂一盏用面或者萝卜所制的灯。据说如果有女子结婚超过三年还没有生育的，在元宵节的晚上去街上偷吃灯的话，就能够怀孕。而且她们一般都会选择偷姓刘的或者姓戴的，取谐音就是"留住孩子"或"带上孩子"的意思。

这就是成都的"四偷"了，虽然带有一点封建的色彩，但还是特别喜庆的。总之，人们在元宵节的时候玩得高兴，"偷"得高兴就可以了。

元宵灯会到底形成于哪个朝代?

元宵灯会是中华民族传统文化中很重要的一个活动。最初是只在正月十五这一晚上举办，后来举办时间越来越长，规模也越来越大。尤其以四川最盛。成都的灯会，一般会在青羊宫举行。灯具工艺精湛，灯会气势非凡，引人入胜。

据说在汉明帝永平年间，明帝崇尚佛法，正好蔡愔从印度取经归来，面圣时声称印度摩揭陀国每逢正月十五，就会集结僧众瞻仰佛舍利，正是参佛的吉日良辰。汉明帝于是就下令正月十五夜在宫中和寺院"燃灯表佛"。后来元宵节宫廷放灯的习俗就渐渐传到了民间，每到正月十五，无论士族还是庶民都会挂灯，渐渐就形成了灯会。

到了唐朝，社会经济高度发达，京城长安富庶无比，于是在皇帝的倡导下，元宵灯会办得空前盛大。中唐以后，已发展成为全民的狂欢节。据资料记载，唐玄宗时的开元盛世，长安的灯市规模巨大，燃灯五万盏，巨型灯楼多达20间，高150尺，金光璀璨，极为壮观。

元宵节灯会

宋朝较唐朝更盛，元宵灯会无论在规模上还是在灯饰制作上都更进一步，而且更加民间自由化，富有民族特色，时间也延长了。唐代灯会是"上元前后各一日"，宋代又在十六之后加了两日，而明代则是由初八到十八。到了清代，满族入主中原，宫廷不再办灯会，民间的灯会却依旧很壮观，只是日期较前缩短，变为五天。这样一直延续到现在。

都江堰为何要在清明节放水?

都江堰是当今世界现存年代最久远、唯一以无坝引水为特征的古代水利系统工程。公元前256年，蜀郡太守李冰带领沿岸百姓修建了都江堰，引导控制岷江之水，使成都平原"水旱从人，不知饥馑"，成为天府之国。于是每年到了农历二十四节气清明这一天，为庆祝都江堰水利工程岁修竣工和进入春耕季节，同时也为了纪念李冰，民间都要过放水节，包括官方祭祀和群众祭祀等。放水节是四川人民最隆重的节日，一年一度，世代相传，其盛况甚于春节。

古时候，每到冬季，人们便用杩槎筑成临时围堰，使岷江水或入内江，或入外江，然后淘修河床，加固河堤，这就是所谓的岁修。到了来年清明时节，举行放水节，祭祀李冰父子，祈求五谷丰登、国泰民安，预祝当年大丰收，然后拆除杩槎，将岷江水导入内江，灌溉成都平原。届时，地方官员要亲自主持放水仪式。放水前一天，相关人员先到郫县望丛祠祭祀望帝、丛帝。放水之日，仪仗队抬着祭品，鼓乐前导，主祭官率众人出玉垒关至二王庙、祭祀李冰父子。随后主祭官朗诵《迎神辞》。众人肃立，唱《纪念歌》。歌毕，献花、献锦、献爵、献食。主祭官读完祝辞，与全体祭祀者向李冰塑像三鞠躬，祈愿一年风调雨顺，五谷丰登。然后，砍杩槎放水。随着主持的一声令下，身强力壮的堰工们砍断鱼嘴前杩槎上的绑索，河滩上的人群用力拉绳，杩槎解体倒下，江水顷刻奔涌而出。此时，年轻人会跟着水流奔跑，并不断拿石头向水流的最前端打去，称为"打水头"。老人们争舀"头水"祭神，认为这样就可以消灾祈福。

如今，科技的进步使得都江堰终年均可放水。但是每逢清明节，川西人们还是要举行一次放水活动，这已经成为当地最重要的一种风俗了。

老成都的端午节有什么习俗？

端午节，时间为每年的农历五月初五，又被称之为端阳节、午日节、五月节等。端午节现在已经被国家规定为法定的节假日，并且被列入了世界非物质文化遗产名录。

端午节起源于中国，是为了纪念屈原而形成的一个节日。屈原，春秋战国时期楚怀王手下的一名大臣。在他为官期间，提举贤能，强调富国强兵的重要性，主张与齐国联合共同抵挡秦国，但是却遭到了楚国贵族的强烈反对，后来更是受到小人的污蔑而被流放到沅、湘流域。直到公元前278年，楚国被秦国攻陷，屈原因为忍受不了祖国的灭亡，在五月五日写下《怀沙》之后，跳江身亡。之后，人们为了纪念屈原，就将五月五日定为端午节来纪念他。这就是端午节的由来了。

赛龙船

在端午节的时候全国各地有着很多习俗，那成都在端午节的时候有什么习俗呢？

其一，俗称"出端午佬"。由四个人用两根竹竿抬起一张大方桌，在这个大方桌上面铺张红毯，在这张毯子上放上一个用竹篾编织的骑虎道士。然后敲锣打鼓，在大街上游行。

其二，"打李子"的习俗。到端午节的时候，成都人们都买上李子，到城东的南角楼下，上下对掷。后来因为在掷李的时候与外国人发生冲突，就把它取消了。

其三，划龙船。在20世纪50年代，在望江楼附近的锦江上进行划龙船比赛。据老成都人回忆说，"当时船上插满了彩旗，充满了喜庆的味道，而后随江而下，途经状元陀、九眼桥，最后到达望江楼一带，场面煞是壮观。

其四，抢鸭子。在这个习俗中会有一个组织者，他事先会把准备好的活鸭子放到江里，当他喊开始的时候，参赛者就从四周扑向鸭子，到最后谁抓到的鸭子最多谁就是获胜的人。在比赛的过程中，岸上的观众们加油声此起彼伏,很是热闹。

除了这些习俗之外,还有吃粽、喝雄黄酒、挂菖蒲等。

老成都七夕节有哪些习俗?

俗话说,"七月七,牛郎会织女"。七夕节是中国民间的传统节日,类似于西方的情人节。这一天,全国都一样,重头戏都在女孩子的身上。因为传说中,织女的手艺最巧,为了也能让自己有一双巧手,就演变出来一种"乞巧"的习俗。七夕晚上,女孩们站在月光下,一手拿针,一手拿线,谁先穿过去,谁就得了巧。还有一种丢针乞巧的方法,是在七夕的中午,放一盆水在太阳下晒,时间久了,水面会形成一层薄膜。然后把针丢在水里,针就会浮在薄膜上,这时去看水中呈现的针的影子,如果是云彩、鸟兽、花朵等形状,那就是得巧;如果是没有这些影子,只是一根细线,或者粗如棒槌的影子,那就是没有得巧。

女子乞巧,男子也没闲着。因为据说七月七日还是魁星的生日。魁星管文事,想要求取功名,就必须得祭拜他。所以一定要在七夕这天祭拜,祈求他保佑自己能够魁名高中。据民间传说,魁星爷长相奇丑,满脸麻子,又是个跛脚。有人还写了一首打油诗来取笑他:不扬何用饰铅华,纵使铅华也莫遮。娶得麻姑成两美,比来蜂室果无差。须眉以下鸿留爪,口鼻之旁雁踏沙。莫是檐前贪午睡,风吹额上落梅花。相君玉趾最离奇,一步高来一步低。款款行时身欲舞,飘飘度处乎如口。只缘世路皆倾险,累得芳踪尽侧奇。莫笑腰肢常半折,临时摇曳亦多姿。

传说魁星爷虽然人长得丑,但是满腹经纶,学问很深,可惜运气太差,每考必败,于是悲愤得投河自杀了。结果被一只老鳖救起,升天成了魁星,主管天下考生的命运。因此读书人都要在七月七这天祭拜他,以求保佑。

中秋节拜月为何由女人来主持？

我国历来就有春分祭日、夏至祭地、秋分祭月、冬至祭天的传统习俗。古代的历法把八月称为"仲秋"，所以中秋节又叫"仲秋节"。在传统节日里，中秋节是仅次于春节的第二大节日。

中秋节这个节日的确立，大约始于唐朝。因为那时候的文人雅客都爱吟风弄月，对于月亮有一种很特殊的情结，经常在月圆之时对酒赏月，邀请一帮好友，作诗互赏。平常的老百姓没这

中秋节拜月

个雅兴，但月圆象征一家团圆，所以他们会拜月祈福。在民间，有"男不拜月，女不祭灶"的说法，因为男人是阳性，女人是阴性，月亮也是阴性，而古代男尊女卑，所以男人不拜月，仪式由女人来主持。一般到了这天晚上，家里的女主人早早吃过晚饭，然后在院子正中摆上一张供桌。桌上摆着月饼和时兴水果。摆水果的时候，梨是不能上供桌的。因为它的谐音是"离"，寓意不祥，跟中秋团圆的祝福是相悖的。准备妥当之后，由家中的女性长辈上香，然后对月亮三叩首，全家所有女成员也跟着三叩首，叩首完毕，祭拜仪式就结束了。大家就围坐在桌子旁边，女主人会把月饼平分给每个人，小孩子会缠着长辈讲关于月亮的故事，一家人其乐融融，欢声笑语久久不散。

老成都人为何把中秋节叫做"月光会"？

中秋节，又被称为月夕、秋节、八月节、追月会、团圆节等。因

为中秋节是在农历的八月十五，正好是秋季的正中，所以被命名为中秋节。它不仅仅在中国流传，在东亚的一些国家中同样盛行。在中国，中秋节是从唐朝开始的，到了宋朝的时候就已经很盛行了，明清的时候已经成为与春节齐名的主要节日之一。中秋节流传至今已经有很多年的历史，有着许许多多传统活动。吃月饼赏月自然不用多说，这是中秋节必不可少的一个环节。还有玩花灯，只不过中秋节没有元宵节那么大的规模，只是在家里玩一下就算了。在南方还流传着一种名为"烧塔"的活动，或者称之为"烧花塔""烧瓦塔"，据说这与当初反抗元朝的义兵有关系。老成都在古时候过中秋节跟别的地方大致上是一样的，没有什么不同。只是老成都人还把中秋节叫做"月光会"，那您知道这是为什么吗？

在北方，人们一般会在春节前收账，而成都则是在八月十五。成都人认为，从春节开始算起到中秋节的时候已经过去了半年多，既然今天的月亮都已经这么圆这么亮了，那么就应该把所有来来往往的贷款、赊账都抹光，就像月光一样，大家谁都不欠谁的。这样，过起中秋节才会无牵无挂，安安心心的。把账全部算清之后，人们就马上开始准备过中秋所需要的东西，自己吃的以及给亲朋好友送的。到了中秋节晚上，全家老小一起开始敬月光。到了八月十六的时候，已经嫁出去的女儿会和丈夫一起带着月饼瓜果等礼品回到娘家拜节。在此期间，成都的每个街道都会集资筹办"月光会"，请一些戏班子来表演，用这种方式来酬谢月光神，人们也顺便可以凑凑热闹。这就是为什么成都的人们会把中秋节叫做"月光会"的原因了。

客家人为何要举办火龙节？

中华民族向来有崇龙的习俗，以龙的传人自居，"龙"是我们的图腾，全国各地都有关于舞龙的民俗活动。而尤以客家火龙节最为震撼。这种民俗始于清乾隆六年，距今已有二百多年历史了。每到元宵节，客家人便会举办火龙节,当地俗称为"烧火龙""舞火龙"。

这个习俗起源于当地的两个神话传说。一说是东海龙王的第二十一孙浊龙,性情暴烈,因此老龙王把他派到莲花山赤岭去管理,借机煞一煞他的性子。不料浊龙脱离了老龙王的管束之后,胡作非为,鱼肉百姓,无恶不作。龙王大怒,就派自己的小女儿清凤佩带龙剑前去莲花山,趁着浊龙酒醉,一剑杀了。将尸体切成四段,龙头带回去复命,剩下的三段就化成了当地揭西的"龙颈",浦寨的"龙身"和揭阳的"龙尾"。当地的人们又恢复到原来平静的生活中。因此每年的元宵节,他们就会烧火龙以示庆祝。

还有一个传说是古时候浦寨乡飞来了一条恶龙,它为非作歹。有年大旱,一对年轻夫妻带领乡亲们挖水渠,被恶龙喷火烧死。这对夫妻的儿子张共决心为父母报仇。于是他前往峨眉山学习法术,三年之后,学成归来,与恶龙苦斗三天,终将恶龙杀死。自己也过度劳累而死。人们为了纪念他,就在元宵节举行烧火龙仪式。

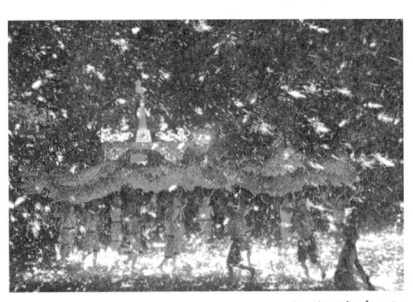

火龙节表演

烧火龙主要分三个步骤,一是烧火树,二是燃禹门,三是烧火龙。整个过程中火树银花,充盈眼前,气势非凡。烧火龙不仅体现了客家人不屈服于恶劣自然环境的品质,更折射出他们对美好生活的向往以及为此奋斗拼搏的精神。

成都人的方言俚语

老成都的方言是怎样形成的？

成都话是川剧和各类曲艺的标准音，但并不是四川省的标准方言。而且现在的四川话和宋代以前的四川话完全不同。据宋代文献资料记载，当时的四川方言与西北方言合称为"西语"，属于同一个方言语系。南宋之后蒙古人和女真人等北方民族的两次入侵，导致四川人口锐减，明末清初时候，张献忠入川，大肆屠杀，川民人口一度降至不足五十万。1671年，当时清朝朝廷下令开始大规模移民，直到1776年为止，四川合计接纳移民623万人，史称"湖广填四川"。现在成都的方言，就是在这些大规模的移民运动中形成的。

"瓜娃子"

成都方言其实是汉语北方方言系统中的一个分支，只有一小部分语音、词汇与普通话略有差异，其他并无多大区别。但因为成都人性格都比较乐观，说话时候喜欢调侃，所以就形成了诙谐幽默的独特风格。比如说某人傻，成都方言就有很多种说法，"瓜娃子""瓜眉瓜眼""方脑壳""瓜兮兮的""哈龇龇""霉不醒""脑筋转不过弯""哈儿""胎神""憨包""宝气"等，言词非常丰富。并且想要表达什么样的感情，就用不同的语调，因时制宜，因事制宜。如母亲说儿子"瓜娃子"，语调委婉，含有爱悯的意思。父亲说儿子"瓜娃子"，重音在"瓜"，就有责怪的意思。同事们当面说某人"瓜娃子"，就有调侃、

开玩笑的意思。领导说某人"瓜娃子"就表示对这个人的办事能力不满,或是不赞同他的想法。再比如"安逸"这个词,在成都方言里运用得比较多,它的本义是安闲舒适,但用起来,因语境不同,就有"令人满意、精彩、糟糕"等意思。有的时候说出来甚至是与原意相反的。

与动物有关的老成都俗语有哪些?

在中国每个地区,都有当地特色的俗语,而这些俗语中或多或少都会跟动物产生联系。比如,"蚂蚁搬家"就是指全体行动的意思。还有一句跟这个意思相近的俗语,不过文明程度稍微低一点,即"麻子打哈欠——全面出动"。在中国,俗语实在是太多了,那么,在成都,与动物有关的俗语有哪些呢?

成都的人们在表示一些东西因为太重而无法移动的时候就会说"十根牯牛拉不动"。当形容意见很多的时候就会说"鸡叫鹅叫"。想要讽刺一些喜欢出风头但是举止很不好的人的时候就会说"抱鸡婆打摆子——又扑又颤"。还有很多评论人物的俗语,比如,老牛筋,就是老顽固的意思;牛黄丸,犟脾气的意思;狗,形容一个人比较吝啬、小气。在成都,小孩生病了就叫"装狗",吃得太少的话就叫"猫儿饮食",说一个人比较势利的时候就说他"屁爬虫"或者"打屁虫",把电动三轮车叫做"电抱鸡儿",把摩托车叫做"打屁车"。

在成都,跟动物有关的俗语还有很多,虽然有些并不是很文雅,但是这些俗语作为中国民俗文化的一部分还是特别值得研究的。

您了解老成都人那些亲切的称谓语吗?

称谓语是文化素质的体现。在成都,不仅仅有很多俗语,还有很多让人觉得亲切的称谓语。

在北方，人们可以喊老人为"老头""老孃儿"，但是在成都这么喊的话就会得罪人，他们遇到老人之后就会尊称为"大爷、太婆"。顺带着也可以夸赞老人两句，比如"仙健"，就是身体好的意思，用这个词来称赞老人似乎比"身子骨硬朗"更加有文采。成都的老年人说小孙子或者曾孙的时候一般会用"龟子"或"龟子东西"这个爱称，跟"龟儿子"这种骂人的话不同。文明的成都人在见到小姑娘的时候会叫"小妹儿"，剩下的女性

"孝顺儿"

就称之为"大姐"或者"孃孃"，称呼中年人则是"伯伯"。很有意思的是他们将媒人称呼为"红爷"，因为他们不喜欢"霉"喜欢"红"，在成都骂人的时候才会说"媒婆嘴"。

在成都，人们不仅仅对人用称谓语，对于一些物品也称呼不俗，比如痒痒挠，成都人不叫它"老年乐"，而是叫"孝顺儿"，把它比喻成孝顺的儿子，象征对老年人的尊敬。甚至人们对喜欢的宠物也会拟人化地称之为"女猫""伢狗"等。

老成都有意思的歇后语有哪些?

成都话本身就很有意思，话里话外都透着股幽默劲儿。除了发音上的独特有趣之外，还夹杂着一些有意思的歇后语。举例来说：蝙蝠身上插鸡毛——你算什么鸟；苍蝇采蜜——装疯（蜂）；茶壶里的水——滚开；大火烧竹林——一片光棍；炊事员行军——替人背黑锅；从河南到湖南——难上加难；吃饱了的牛肚子——草包；裁缝不带尺——存心不量（良）；《百家姓》去掉赵——开口就是钱；鼻孔喝水——够呛；唱戏的腿抽筋——下不了台；擦粉进棺材——死要面；医生卖棺材——死活都要钱；肮脏他娘哭肮脏——肮脏死了；布告贴在楼顶上——天

知道；一个耳朵大，一个耳朵小——猪狗养的；二十一天不出鸡——坏蛋；五百块分两下——二百五；牛屎虫搬家——滚蛋；石头放在鸡窝里——混蛋；老肥猪上屠——挨刀的货；有大哥有二弟——你算老几；芝麻地里撒黄豆——杂种；吊死鬼打粉插花——死不要脸；茅厕里题诗——臭秀才；茅房里打灯笼——照屎（找死）；狗咬叫花子——畜生也欺人；狗咬皮影子——没一点人味；骆驼生驴子——怪种；种地不出苗——坏种；看衣服行事——狗眼看人；铁匠铺的料——挨打的货；强盗画影像——就你那副贼形；墙头上跑马——不回头的畜生……

成都的土特产

蜀绣的发展史

蜀绣又称川绣,是四川省内以成都为中心的刺绣工艺的总称。它与苏绣、湘绣和粤绣并称为中国四大名绣。蜀绣与蜀锦一样,历史悠久,都是蜀中之宝。西汉时就有文字记载。到了三国时期,更是驰名天下,蜀国甚至将其作为一个重要的经济支柱,拿它来跟北方国家交换马匹和其他物资。

到了清代,蜀绣的工艺匠人们吸取了蜀绣的优点,并把民间的长针刺绣而后扎针等方法融入蜀绣中,使蜀绣进入一个新的鼎盛时期。1831年清朝道光年间,四川成立了蜀绣行会。蜀绣迅猛发展起来,成都的蜀绣店铺作坊多达数十家。到了清末,朝廷为了鼓励实业,专门在成都开办了劝工局,管理蜀绣的生产和销售。当时很多蜀绣被指为贡品,一些优秀的蜀绣匠人甚至被授予"五品同知衔",这些官方行为极大地推动了蜀绣的发展。

蜀绣

民国成立以后,蜀绣不再绣制贡品,而是以日常用品为主。抗战时期,成都作为大后方,很多优秀的画家和艺人来到这里,为蜀绣带来了不同的艺术风格。新中国成立以后,四川设立了成都蜀绣厂,技术上不断创新发展,出现了新的针法。但在"文革"时期,蜀绣被批为"封资

修",说蜀绣是"为帝王将相、才子佳人服务",致使蜀绣的从业人员纷纷转行。到1971年后,才逐渐恢复生产。

2006年,蜀绣被国务院列入第一批国家级非物质文化遗产名录。2013年,国家主席的夫人彭丽媛在参观坦桑尼亚"妇女与发展基金会"时,曾以蜀绣"梅花双熊"作为国礼馈赠。

蜀绣都有什么针法?

蜀绣在其漫长的发展过程中,不断融合各地的刺绣风格,工艺日趋精熟,针法种类也日渐增多。迄今为止共有12大类122种针法。常用的有闩针、晕针、滚针、飞针、扣针、撒针、梭针和拨针等。

闩针是一种很短的针脚,一般用于绣面做成之后,在上面调和色彩,适用于山水和孔雀羽毛。晕针是要表现所绣物体的质感,使静止的物体变得像是一个活物。如熊猫的憨态、鲤鱼的灵动、金丝猴的敏捷乃至树枝的摇曳等。滚针是一种长短针,一针靠一针,不露针脚的叫叶藏滚,显现针脚的叫亮滚。这种针法主要用于绣芙蓉花叶以及树藤、松针、云海等,能体现出绣物的自然形态。飞针是一种长短不一的针法,用于浸色和掩藏原针层的埂子。扣针的针脚十分整齐,每层针线要盖着上一层的针脚,用来显示绣像的凸凹有致。撒针则是一种不规则的针法,它主要用于刺鸟、雀、鱼等的尾巴和脊背,能起到调和色彩的效果。梭针是一种长短不齐的稀疏针脚,可用于刺绣山水的岩石。拨针是一排一排地绣起,针脚可以放长,可以增减,每排可以着两种颜色,适合绣飞禽走兽的腿。

蜀锦的发展史

蜀锦,产自中国四川省成都市,是一种锦类纺织品。它起源于两千年前的战国时期，历史悠久，工艺独特，和南京的云锦、苏州的宋锦、广西的壮锦一起被称为中国的"四大名锦"。2006年被国务院批准列入第一批国家级非物质文化遗产名录。

　　四川有"蚕丛古国"之称，养蚕种桑比较普遍，纺织业一直就很发达，蜀锦就是在这样的优越条件下诞生的。起初它的图案风格比较简单，主要是成几何对称的人物图案。到了秦汉时期，蜀锦突破了以前的单调格式，把简单的几何图案变为动态的在云气间飞驰的祥瑞动物，统称为"云气动物纹"。这和汉朝时期成都青城山道教的兴盛也是分不开的。因为道家崇尚自然，向往长生不老，云气和祥瑞动物正是道家的标志之一。到了三国、南北朝时期，蜀锦有了进一步发展，出现了丝织物加金技术，但图案风格还是汉代的延续。到了唐朝，首次出现了以文字为图案的文字织锦。其中最杰出就是王羲之的《兰亭序》，曾被唐太宗当做"异物"收入宫中。在宋元时期，又出现了以纬起花的纬锦，其纹样图案有庆丰年锦、灯花锦、天花锦等。天华锦也称"添花锦"，源于宋代"八达晕"锦，以圆、方、菱形等几何图形作有规律的交错重叠，并在中心处突出较大的花形，因此又有"锦上添花"之

蜀锦

美誉。在明代末年，蜀锦因为张献忠入蜀而受到摧残，到了清代才又恢复了生产。清代的纹样图案风格简约，多为梅、竹、牡丹、葡萄、石榴等。

　　蜀锦又称"蜀红锦"，在蜀地染的蜀红锦，色彩鲜艳，经久不褪。经学者研究，蜀锦还是日本国宝级传统工艺品京都西针织的前身。蜀锦里许多染色工艺，一直使用到20世纪70年代，无可否认，它是我国丝绸工艺流传下来的一件瑰宝。

彭州大蒜的发展史

彭州大蒜，是指四川省彭州市特产的大蒜。大蒜是彭州蔬菜的传统品种，色鲜质优，大蒜素、大蒜粉均高同类产品，2000年经中国国家农业部食品质量检验检测中心检测，认定为无公害蔬菜。

彭州市是中国大蒜主产区之一，种植大蒜历史悠久。据史书记载，已有400多年的历史。清光绪《彭县志》载："蒜苔产万家庵"，说明当时彭州大蒜的规模已经非常庞大，是当地传统的大宗农田经济作物。彭州气候温和，土壤肥沃，灌溉便利，很适合大蒜生长。中共十一届三中全会后，农村多种经营的迅速发展更促进了大蒜的生产，到20世纪80年代初，彭州大蒜种植面积由1949年的不足千亩增至1997年的62000亩，主要种植乡镇有隆丰、九陇、楠杨、西郊、利安、军乐、天彭、致和、太清、丽春等十余个乡镇，其中尤以"蒜苔之乡"隆丰镇种植面积最大，达两万亩左右，占该镇耕地面积的一半，在中国国内和国外大蒜市场上享有盛誉，是大蒜产品中的上品。

2005年10月中国国家标准化管理委员会正式授予彭州市人民政府蔬菜办公室"大蒜种植国家农业标准化示范区"的称号。

蒙顶茶是唯一的温性茶吗？

蒙顶茶产自四川蒙山山顶。蒙山跨名山、雅安两县，山上有上清、菱角、毗罗、井泉、甘露五顶，也称五峰。相传2000多年前，僧人甘露普慧禅师吴理真"携灵茗之种，植于五峰之中"。这就是最开始的茶树。这茶树"高不盈尺，不生

蒙顶茶

不灭，迥异寻常"，茶"味甘而清，色黄而碧，酌杯中，香云罩覆，久凝不散"，常饮可使人延年益寿，因此有"仙茶"之称。

古时蒙顶茶为贡茶，因此采制蒙顶茶的过程极为神秘。每年的清明节前，地方官都会焚香沐浴，穿着朝服，鸣锣击鼓，率领全县官僚和寺院和尚朝拜"仙茶"，并且亲自采摘茶叶。贡茶的采摘只限于七棵茶树，共三百六十叶。采摘完毕之后，由和尚里面最会炒茶的人将茶叶炒好。炒茶的时候，众僧念经持诵，等茶炒好，将其装入银瓶，用黄缣丹印封好。再择一良辰吉日，启运京城供皇帝祭祀之用。所经过的州县都要谨慎护送，不得有任何差池。这是"正贡茶"。之后再采摘的，才是供皇室成员饮用的贡茶。

明代著名医学家李时珍的《本草纲目》里有这样的记载："真茶性冷，惟雅州蒙顶山出者温而主祛疾……"说明蒙顶山是所有茶类中的唯一温性茶，并且有医病的功效。这一点，是其他茶类所无可比拟的。自唐以来，直到民国成立，蒙顶茶作为贡品，年年进贡，一千多年来从未中断，平常百姓很难用到。解放后，寻常百姓也可以买到，正所谓"昔日皇帝茶，今入百姓家"，至此，蒙顶茶才得到了应有的发展。

"云顶明参"的名字是朱元璋所赐？

云顶明参又名土明参、明沙参、红党参，产自成都市云顶山风景区。云顶明参根肥硕，味甘甜，色莹白，心显菊花纹，是一种名贵的中药品，既可药用，也能食用，有明目、益气、补虚之功效。是四川地区著名的特产，曾与长白山出产的辽参齐名。

云顶明参

相传明朝初年，朱元璋第十一个儿子朱椿受封"蜀王"。朱椿本人虽然尊崇儒学，但对佛、道也十分有兴趣，经常邀请高僧到王府讲经。

云顶山慈云寺的云华长老就是朱椿的座上客。朱椿常说:"叱咤不施,则恐一夫之成寒;尝珍美,则思一夫之或饥;处崇明嵬大之宫室,则念或有苦阖不蔽之家;享康宁怡愉之福祉,则虞或有疾无告之民;縻粟以赈其饥,施药以安其躯,省兴作以养其力,给棺椁以厚其终,可谓道足心济天下矣。"云华长老非常认同朱椿的理念,两人成为知交,经常谈医论道,说些养生之术。

有一天,朱椿突然对云华长老告知心事,说自己的第十个女儿顺庆郡主常年病怏怏的,请了很多名医,吃了不少药,却总是祛除不了病根。顺庆郡主最惹他怜爱,因此想请云华长老开个方子试试。云华长老细细问了症状,然后返回云顶山慈云寺,精选出几斤上好的沙参,拿到王府,让郡主服用。结果一月不到,公主就面色红润、气血匀称、模样大变。朱椿知道这是上好的补品,就让云华长老再取了一些,进奉给朱元璋。朱元璋服用了几根沙参,也顿觉经年老疾离他而去,于是龙颜大悦,不仅赏赐慈云寺布匹,还敕封"沙参"为"明参",从此,人们就称云顶山上的沙参为"云顶明参"了。

银丝工艺品的历史

银丝工艺又称"花丝工艺",是指把白银等金属抽成细软的丝,然后采用炭丝、穿丝、搓丝、累丝、填丝等方法,做成各种样式的实用器皿或装饰品。如花瓶、果盘、烟具、茶具、挂屏、手杖和首饰等。银丝工艺品的主要产地是四川成都,北京花丝和山东潍坊嵌银也很有名气。从前蜀高祖王建墓中出土的玉册、饰件、金银器皿中可以看出,成都的银丝制品在五代时期就已经具有相当高的工艺水平。

银丝工艺品

成都的银花丝工艺最独特的技巧是平填花丝,

这里的艺人们善于运用银丝的粗细，光、花的对比，虚实相对，以平填、累丝、镶嵌、烧蓝、占片等技巧，再配上中国传统的喜庆画和楼台亭阁、山水花鸟等纹样而制成奇巧精致的工艺品。一般产品多为妇女用的首饰钗环和儿童服饰品，例如罗汉、八仙、狮子滚绣球等。

银丝工艺品所用的银丝纤细无比，仅有头发丝的一半粗细。但从银丝上就可以看出匠人们的工艺水平的高超。因为这种技术过程繁琐复杂，现代人大多缺少耐心，面临着失传的危险。所以现代的银丝工艺就渐渐地避繁就简，择方便之处而行了。

瓷胎竹编只靠一把刀就能完成？

瓷胎竹编工艺品又称细丝工艺品，是四川省成都地区所独有的汉族手工艺品，起源于清代中期，当时主要用于向朝廷进贡。后来因为世道纷乱，这种技艺几度失传，到20世纪50年代时才又被挖掘出来。之后的瓷胎竹编就以生产茶具酒具等小的生活用品为主，不仅用于观赏，还可作为实用品。

瓷胎竹编所用的材料是经过严格挑选的磁竹，这种竹子生长在成都地区，竹子很长，最适合编制。选定材料之后，要经过破竹、烤色、去节、分层、定色、刮平、划丝、抽匀等十几道工序，才制成精细的竹丝。对于竹丝的厚薄粗细上

瓷胎竹编

也有严格要求，厚度只能为一两根发丝厚，宽度只能为四五根发丝那么宽，然后每根竹丝都还要用刀削匀，以确保粗细一致。整个过程，工艺人只拿一把刀就可完成，全凭一双手，其技艺高超之处令人叹为观止。

瓷胎竹编以前只是一些艺人们的独门绝活，现在四川地区已经开

始开设工厂,量化生产。根据市场需求,按照造型共分为瓶、坛、包、盒、具等几大类,并且不限于瓷胎,底胎材质增至陶胎、漆胎、玻胎等,还有台湾人偏好的紫砂胎。按工艺不同分为普通编制、提花编制和五彩图案编制。生产规模的扩大,对于瓷胎竹编这门工艺的传承和发展,起着非常重要的推动作用。

青城茶有何传说?

青城茶是四川都江堰市青城山所产的一种茶,此茶历史悠久,品种丰富,茶叶小而嫩,其芽犹如"元出花",品质很高,曾作为封建王朝举行大典时的"贡品",因此也称"青城贡茶"。

相传在安史之乱时,唐玄宗带着杨贵妃仓皇逃到四川避难,结果在马嵬坡遭到部下的胁迫,无奈将杨贵妃赐死。此后,玄宗日夜思念杨贵妃。有一次做梦,梦见杨贵妃在青城山上请他喝茶,那茶清香扑鼻,令他神清气爽,梦醒之后其味犹存。于是他忙下令找来当地的茶农,赶制茶叶,并命名为"青城茶"。

青城茶就茶叶的外形来讲,有"雀舌""鸟嘴""麦颗""片甲""蝉翼"等。这些名字都是根据茶叶在水里的形状命名的,非常贴切。就茶叶的产地来说,最有名的要数青城山中丈人山一代的"沙坪茶"。据唐代著名茶艺家陆羽在《茶经》里所载,可知"沙坪茶"在唐代已负盛名。明朝时被视为绝品。到了清代中叶,由于茶税加重,茶商抢购以及战乱等原因,青城茶曾一度没落。据彭润在《灌记初稿》中所载,"自康熙十三年布政司檄饬县属青城山三十五庵僧道,餐采芽茶八百斤,内拣极美贡茶六十斤,陪茶六十斤,官茶六百八十斤",可知当年茶农税负之重。而且上述数量仅是进贡,再加上地方官府层层盘扣,茶农们更苦不堪言了,因此一部分茶农不再种茶,导致了产量减少。直到解放后,青城茶的生产才恢复到正常水平。

您喝过四川的屏山茶吗？

屏山县地处四川盆地的边缘，因其气候条件独特，土壤肥沃，适宜种茶，被誉为"天府茶园"。其盛产的屏山茶更是历史悠久，享誉中外。

屏山茶叶

屏山种植茶叶的历史可以追溯到三国时期。据《华阳国志》记载，此地三国时期即盛产茶叶。如今种植规模进一步加大，茶叶的种植范围也较之以前更加广泛。从海拔300米到1000米，茶叶的种植遍布屏山县各处。

新鲜的屏山茶茶叶外形细长，颜色鲜绿；茶叶自带一种类似于果香的芳香气味。沏好的茶，茶水色泽清澈透亮，带有淡淡的黄绿色；其滋味鲜爽回甘，饮后颇有清新怡神、精神倍增之功效。

屏山茶的制作过程一般分为三步：第一遍炒茶，称之为"杀青"；第二遍用手进行揉捻，揉出茶叶多余的汁液；第三遍叫"炒青"。以上三个步骤均由颇具经验的制茶师傅完成，且需要炒一遍揉一遍，反复多次才可成型。

屏山茶叶历史悠久，其品种繁多。比较出名的有：龙湖绿、丹霞春露、龙湖雪兰、龙湖松针、屏山龙珠等。其产品行销海内外，获得无数好评。

自贡龚扇的发展史

在四川自贡市，出产一种扇子，天下闻名，它就是被称为"中华第一扇"的龚扇。据说在19世纪中叶，四川人龚爵五在一家盐场做工，有一次看见一个来自乐山的商人手里拿着一把竹扇，扇子非常漂亮，令龚爵五心动不已。于是收工之后，龚爵五琢磨着想自己也编一把竹扇，结果，功夫不负有心人，他真的编出了一把竹扇，并且比那个商人手里的扇子更漂亮，一时间，龚爵五名声大噪，乡里的有钱人都来买他的扇子。

1886年，四川劝业道周孝怀创办了"宝川局"，征集全省的民间工艺品参加"赛宝会"。龚爵五拿着自己精心编制的扇子去参赛，结果一举夺得魁首，获得光绪帝颁发的金牌。1908年，龚扇被选进宫，成为贡品。龚扇从此名扬天下。到了民国时期，龚爵五的儿子龚玉璋成为龚扇的第二代传人。龚玉璋在他父亲的基础上，对龚扇进行了发展创新，使工艺更加复杂，图案人物更加传神。1944年，盐商余述怀花重金请龚玉璋编了一把山水画的扇子，龚玉璋花了几个月的时间才完成，余述怀把扇子送给了蒋介石，蒋介石非常喜欢，终日把玩，目前这把扇子被收藏在庐山博物馆。

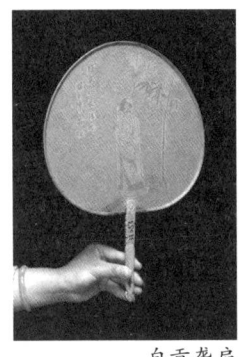

自贡龚扇

龚扇的制作工艺非常复杂，在扇框内经纬线共要排七百多根竹丝才能编制成，因扇面透亮，薄如蝉翼，因此又称"蝉翼扇"。整个扇面仅几钱重，远看如同绢制，细看才能看出是竹丝所制，极具观赏和收藏价值。多次被国家领导人作为国礼赠送友邦。

崇州郁金跟其他郁金有何不同？

郁金是一种中药材，为姜科植物温郁金、姜黄、广西莪术或蓬莪术的干燥块根。前两者通常称为"温郁金"和"黄丝郁金"，其余按性状不同称作"桂郁金"或"绿丝郁金"。一般是在冬季叶子枯萎时挖出，然后洗净，煮透之后晾干，入药。

崇州郁金为四川省崇州市特产,主要分布在金马河流域与羊马河流域两岸的崇州市三江镇、江源镇以及双流县金桥镇、新津县兴义镇等乡镇。《唐本草》有记载:"郁金生蜀地及西域。"宋代《本草图》称:"郁金今广南、江西州郡亦有之,然不及蜀中为佳。"经考证,文中"蜀"即现在的崇州市,崇州市位于川西平原,是岷江的中上游地带,土壤肥沃,是郁金的最佳产地。

崇州郁金与我国其他产地的郁金相比,有三个优点:一是内胆小、肉厚、质硬,切片后成晶片状,不会分散;二是黄丝郁金胆成"鸡蛋黄",呈鸡血色,为全国所独有;三是崇州郁金总姜黄素、总挥发油含量高于温郁金和广郁金,因此药物的疗效就比其他产地的郁金好。

2003年,农业部中国特产之乡组织委员会正式将崇州市列为国内唯一的"中国郁金之乡"。2009年,崇州郁金成为国家农产品地理标志保护品牌。

蜀笺就是指"薛涛笺"吗?

蜀笺是古代四川成都的一种木刻彩印、图文兼备的诗笺。纸造出来之后,根据不同的用途还要进行再加工。笺,就是古代的一种加工纸。据李肇《周史补》记载,有"麻面、屑骨、金花、长麻、鱼子、十色笺"。陆龟蒙有诗称赞鱼子笺,"捣成霜粒细鳞鳞,知作愁吟喜见分,今日乍惊新茧色,临风时辨白萍文。"

唐代时,蜀笺列入"纸之秒者"。在蜀笺中,最为著名的还要数薛涛笺。女诗人薛涛旅居在成都市浣花溪畔,因为嫌纸张的尺幅太大,就命令匠人裁剪成小幅,蜀中的士子们使用起来觉得方便了很多,于是纷纷仿效,都裁成那个

蜀笺

样式,命名为"薛涛笺"。薛涛笺是彩色笺,有十种颜色,因此也称为"十色笺"。但因为成都又称芙蓉城,芙蓉花是红色的,加上薛涛本人爱用深红色,所以人们都以为蜀笺就只有一种深红色,其实有很多种。薛涛笺只是蜀笺的一种。宋人的记载中,蜀中有百韵笺、青白笺、大学士笺、小学士笺、假苏笺、玉水笺、冷金笺、流沙笺、彤霞笺、布头笺等。百韵笺大小可写诗百韵,青白笺因正面白色、背面青色而得名,假苏笺是仿苏州杂色粉纸,布头笺则用"布头"制成。苏东坡尤爱布头笺,说布头笺"薄而清莹""名冠天下"。

制笺不仅仅是把纸张的尺寸幅度简单地裁小,同时还要有一套工艺,使纸张上显示出漂亮的图案。蜀笺上就有很多山水虫鱼或者亭台楼阁这样的画,使纸张不仅实用,还富有观赏性。

蒲江雀舌的独特之处

蒲江雀舌是产自四川省蒲江县的一种茶品。早在一千多年前的唐朝,蒲江雀舌就已经名扬四海。据陆羽撰写的《茶经》记载:"临邛数邑茶,有火前、火后、嫩绿、黄芽等号。""临邛数邑"即指临邛郡管辖的临邛、蒲江、大邑等县。"火前"茶,指在清明节前两天的寒食节之前采摘的嫩茶。由于这种茶叶新发的嫩芽形状如鸟雀的舌头,很细小,所以称之为雀舌。蒲江雀舌茶叶品质上乘,一直广受人们的喜爱。

蒲江的大气环境质量优于国家Ⅱ级标准,茶园远离都市,地貌特征为浅丘,森林覆盖率达49.16%,生态条件优越。蒲江地势差异明显,林茶交替,形成了对病虫害的"生态阻隔",从源头上确保了蒲江雀舌的质量安全。而且蒲江拥有世界最大面积的天然马尾松林,森林覆盖率超过75%,核心区域的绿茶园被覆于天然的马尾松林下,喜阴的茶树与喜光的马尾松林共生共长,相得益彰;茶树遮阴好,有利于茶叶片中的氨基酸合成,因此蒲江雀舌氨基酸含量比一般绿茶高2%~3%;另外马尾松开花时候花粉多数为茶树所吸收，使得茶芽的营养物质更加丰富。再加上蒲江具有"春早"的独特气候，所以蒲江雀舌又被称为"中国第一早春绿茶"。

鹤鸣贡茶有何传说？

"鹤鸣贡茶"，指的是鹤鸣山以及附近诸山所产的茶叶，因为曾作为贡品，所以叫"贡茶"。《大邑乡土志》上载："鹤鸣茶，产于老君殿周围山间。相传明清年间，御定贡茶。沏之，叶呈鹤形，或云蒸气上凝似鹤。色香味俱佳，甚为名贵。"

据传，张三丰在鹤鸣山教书时，听人讲鹤鸣山的茶，说只有白鹤停歇过的那棵才是好茶。于是张三丰就藏在茶树的旁边，看到一只白鹤停在了一棵茶树上，他就在树上做了记号，第二天采这树上的茶叶回去泡茶。只见茶叶在水里慢慢伸开，形状就像是一只只正在飞翔的白鹤。突然，茶碗中的一个白鹤状的茶叶飞了出来，变成一个童颜鹤发的老头，然后消失不见了。张三丰就采这棵茶树籽，种遍鹤鸣山，制成茶，分送附近的村民，人们喝这茶治好了很多疑难怪病。再后来，那个老翁又飞回来，度张三丰成了仙人。

茶是道家修身者们常喝的一种饮料，茶文化，是道教文化的重要组成部分。茶叶所含成分，具有益神智、悦心脾的医用效果。对于道家修身养性，起着不可或缺的作用。

新都桂花糕的食谱传说

新都桂花糕是成都市新都地区富有汉族特色的风味糕点。创制于明朝末期，距今已有三百多年历史了。桂花糕色泽洁白，口味清香，深受大众喜爱，而且它的产生还有一段美丽的传说。

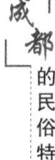

相传，桂湖的桂花是杨升庵从月宫里摘下来的。杨升庵就是杨慎，是明代的大才子。科考前的一个晚上，他在书房读书，因为疲倦就睡着了。结果魁星入梦，问他是否想到月宫上折桂。杨慎见魁星这么问，非常高兴，就说想。因为古人对于科考高中的举子有个雅称，叫"蟾宫折桂"。说明这是好的兆头。杨慎跟着魁星飞到了月宫上，找到一

新都桂花糕

棵桂树，折了一枝桂花，并且栽到了桂湖的周围。后来杨慎果然中了状元。到明朝末年，一个叫刘吉祥的小贩听到了这个传说，得到了启示。就采摘桂花，去掉苦味，再用蜂蜜浸泡，然后再跟蒸熟的米粉、糖等调和制成了桂花糕。因为桂花糕寓意吉祥，所以刚刚上市，就引起了人们的争相抢购。由于商机很大，所以当地著名的"天顺荣"和"武灵轩"等糖果坊就把桂花糕的制作继承了下来，并加以改进，最终成了远近闻名的新都特产。

成都漆器的历史

成都漆器又称"卤漆"，是中国四大漆器之一，色彩绚丽，光彩耀人，且历史悠久。成都自古以来就是中国漆器的主要产地之一，因为这里盛产漆和朱丹，而这两者正是制作漆器所不可缺少的。成都漆器起源于3000多年前的古蜀时期，从金沙滩遗址出土的漆器残片现在依然文彩斑斓，说明当时成都的漆器工艺就已经达到了很高水平。到了战国时期，成都漆器更是远销中原各国。著名哲学家庄子，就曾经是一

成都漆器

个漆园的小官吏。当时成都成了古代中国最著名的漆器制作中心,享有"中国漆艺之都"的美誉。

从现在一些墓地里出土的漆器可以看出,春秋战国时期的漆器已经不是什么贵重物品,种类很多,有漆盒、漆盘、漆壶、漆杯、漆奁、漆梳等日常生活用品,寻常百姓都可以用到。有意思的是,当时的制漆工匠们好像知道自己制作的产品不是一般手工艺品,而是可以留名后世的上等工艺品,因此在漆器上都留下了"成都造"的烙印文。成都漆器经过历史上多次技术革新,发展成为一种成熟的工艺品。它以天然生漆和实木为原料,不拘胎体,做工精美,集实用性和观赏性于一体,既可以当工艺品欣赏,又可以作为耐用的生活用品,极大地丰富了人们的生活。只可惜在传统和现代的夹缝中,漆器的空间太窄,市场狭小,而且制作者后继乏人,因此这门古老的手艺快要失传了。

"枇杷茶"名字的来源

枇杷茶是四川崇州市邛崃山脉出产的一种茶,叶厚,味浓,耐冲泡,因为叶子形似枇杷树叶而得名。邛崃山区土壤是白垩纪酸性紫色土和侏罗纪酸性黄壤,山区年均气温15℃,相对湿度84%,气候和土壤环境非常适宜茶树生长。崇州市茶叶历史悠久,是唐宋五大名茶产地之一。据《崇庆县志——食货篇》记载:"西山凤以产茶名,迄今所称有雨前、雨后、毛尖、白毫、花毫诸类,岁产约数百担,清明前采尤为珍美,持较浙江龙井,不过制与香略逊色,味未多让也,惟入茶贾手则稍殊……别有枇杷茶高二、三丈,叶粗大,土人采嫩芽制出、以代普洱,味亦差近。"可知枇杷茶是崇州市独有的珍稀茶种。

枇杷茶又称龙门贡茶,因为龙门山脉的枇杷茶叶都是中叶和小叶,只有崇州市文井江镇的茶树是大叶,最为珍贵。宋代时就以此地的茶叶制成"龙门茶"入贡,因此被称为"龙门贡茶"。据清朝光绪版《崇庆州志》"物产篇"记载:"枇杷茶高一丈,二丈,叶粗大,名粗毛茶,近有取其嫩尖充普洱者,味亦颇类……"说明这种枇杷茶的确是好茶,其味道应该不在普洱茶之下。

花楸贡茶怎么成为贡茶的?

花楸贡茶,产自四川省成都邛崃市,这里是司马相如和卓文君的故乡,历来就盛产茶叶。花楸茶,古称火井茶,清人吴秋农记载:"锅焙茶,产于邛崃火井漕,竹弱裹囊封,远至西藏,味最浓烈,能荡涤腥膻厚味,珍为上品。"可见花楸茶深为文人雅客所喜爱。清康熙年间,康熙下令,要境内所有的茶圃都把新采摘的茶叶送到京城进行评比,一碗碗茶端到康熙面前,康熙喝了都不觉得好,当花楸茶呈上的时候,康熙龙颜大悦,连声叫好,并且当即御封邛崃花楸堰为"天下第一圃",指定花楸茶为贡茶,此后花楸茶年年上贡,誉满天下。

花楸贡茶

其实,花楸茶作为贡茶并不是清朝才有的事,早在宋代就有记载,《元封九域志》更有明确的资料:"有火井茶场,邛州贡茶。造茶为饼二两,印龙凤形于上,饰及金箔,每八饼为一角力。"能印龙凤形的图案,并且用金箔做装饰的,肯定是皇家用品了。

附　录

名胜古迹TOP10:

武侯祠

武侯祠位于成都市武侯区，是中国唯一一座君臣合祀的祠庙和最负盛名的诸葛亮、刘备及蜀汉英雄纪念地，被誉为"三国圣地"。诸葛亮生前曾受封"武乡侯"，死后又被追封为"忠武侯"，因此人们尊其祠庙为"武侯祠"。

都江堰

都江堰位于成都都江堰市灌口镇，是世界上现存最大最早并且还在发挥作用的水利工程，被誉为"世界水利文化的鼻祖"。公元前256年，秦国蜀郡太守李冰及其子率领工匠建造了都江堰，成功地将岷江分流，一边遏制了洪水，一边又灌溉了农田。自此之后，成都平原从菏泽之乡变为天府之国，"水旱从人，不知饥馑"，并且其功效一直持续到今天，可谓功在当代，利在千秋。

二王庙

二王庙原址为望帝祠，南朝齐明帝时，益州刺史刘季连将望帝祠迁往郫县，然后为纪念都江堰的建造者李冰及其子二郎，在望帝祠的基础上加以改建，更名为崇德庙，使其世受香火。宋代以后，李冰父子相继被敕封为王，因此又改称为二王庙。

杜甫草堂

杜甫草堂位于成都市西门外浣花溪畔,是我国唐代伟大诗人杜甫的故居。唐玄宗时,为避"安史之乱",杜甫携带妻小来到了成都,在浣花溪畔搭建了这座茅屋。杜甫在此居住四年,共创作了240多首流传后世的诗歌,今天,杜甫草堂已经成为中国文学史上的一块圣地。

青羊宫

青羊宫坐落在成都西南郊区,是川西第一道观,著名的道家圣地。相传始建于周朝,与道家始祖老子有关。青羊宫名字几经更改,初名"青羊肆",三国时改为"青羊观",唐初改为"玄中观",唐僖宗时改为"青羊宫",五代改为"青羊观",宋代复名为"青羊宫",直至今日。

昭觉寺

昭觉寺位于成都市成华区,前身是汉代眉州司马董常的故宅,宅号建元。唐贞观年间改为佛刹,名建元寺,唐宣宗时赐名"昭觉"。南宋绍兴初年,敕改昭觉为禅林。明崇祯年间毁于战火,清康熙年间重建。昭觉寺规模宏大,素有"川西第一禅林"之称。

宝光寺

宝光寺位于成都市北郊新都区,规模宏大,僧徒众多,是我国南方四大佛教丛林之一。相传始建于东汉,隋朝时名为"大石寺",寺里有塔叫福感塔。唐朝晚期,唐僖宗为避黄巢之乱入川,曾在寺中下榻。因见福感塔下面发出宝光,便敕令扩建,并改称为"宝光寺"。

刘湘墓

刘湘墓,位于成都市南郊,与武侯祠相邻。墓园1938年动工,1942年竣工。墓主刘湘,民国时期曾任四川省政府主席,是著名的爱国抗日将领。1938年因病在汉口去世。死前有遗嘱,内容是:抗战到底,始终不渝。即敌军一日不退出国境,川军则一日誓不还乡!其爱国御敌豪气干云,闻者无不为之动容。

望江楼

望江楼位于成都市东门外九眼桥锦江南岸,是明、清两代为纪念唐朝著名女诗人薛涛而建起来的。因为楼阁身临锦江,所以叫望江楼。因为左思《三都赋》里面有名句"既丽且崇,实号成都",所以又取名为崇丽阁。现已成为成都市的标志性建筑。

永陵

永陵即王建墓,位于成都市西门外三洞桥。墓封土高15米,直径80米,周长225米。气势胜过刘备的"惠陵"。墓内由14道双重石券砌成,分前、中、后三室,全长23.6米。中室放置王建棺椁,棺床东、南、西三面刻有图案,图案中的十二力士雕像,他们抬扶着棺座,造型奇特,无一雷同。棺座东、南、西三面的24个舞伎浮雕以不同姿态,翩翩起舞,是少见的唐代艺术珍品。在棺床东、西雕刻着由10种打击乐器组成的鼓乐队;在西面雕刻着由10种吹奏乐器组成的管乐队;南面雕刻的是两个乐队领队人,弹弄着琵琶和拍板。整个石刻乐队,场面壮观,是研究唐文化不可多得的实物资料,后室放置御床,正面有双龙戏珠浮雕,左右是狮兽浮雕。床上则是王建的坐像,神态肃穆。整个建筑气魄雄伟,装饰华丽精美。

三星堆古遗址

三星堆古遗址位于四川省广汉市西北的鸭子河南岸,分布面积12平方公里,距今已有3000至5000年历史,是迄今在西南地区发现的范围最大、延续时间最长、文化内涵最丰富的古城、古国、古蜀文化遗址。现有保存最完整的东、西、南城墙和月亮湾内城墙。三星堆遗址被称为20世纪人类最伟大的考古发现之一,昭示了长江流域与黄河流域一样,同属中华文明的母体,被誉为"长江文明之源"。

名山胜水 TOP 10:

西岭雪山

西岭雪山位于成都大邑县境内,其名字因杜甫的"窗含西岭千秋雪,门泊东吴万里船"而得来。景点众多,原始森林覆盖率高达百分之九十。雪山属立体气温带,现已形成"春赏杜鹃夏避暑,秋观红叶冬滑雪"的四季旅游格局。有云海、日出、森林佛光、日照金山、阴阳界等高山气象景观。

青城山

青城山位于四川省都江堰市西南,成都平原西北部,是邛崃山脉的分支,古称"丈人山"。青城山风景秀丽,曲径通幽,以幽静见长,自古就把青城之幽、剑门之险、峨眉之秀、夔门之雄并称为"四大奇景"。自张道陵在此结茅传道之后,又成了道教名山,与都江堰一起成为四川名胜。素来有"拜水都江堰,问道青城山"的说法。

升庵桂湖

升庵桂湖位于成都市新都区,因明朝大才子杨慎在此游玩读书,并且沿湖栽种桂树而得名。自建成后,吸引了大批文人雅客来此游玩赋诗,一时成为西蜀名园。虽然在历史的变革中遭到破坏,但在解放后得到重修,依然是蜀中的名胜之一。

云顶山

云顶山位于成都市金堂县境内龙泉山脉中段，有大、小云顶山之分。山景清幽瑰丽，有"云顶晴岚"的美景。山上有慈云寺，雄伟壮观。云顶山不仅是风景胜地，还是战略要地，自古兵家必争。宋元之际，南宋朝廷在此筑城抗元，一直坚持了十五年才失陷。现存有炮台军营等遗迹。

九峰山

九峰山位于成都彭州市大宝乡境内，因有九座耸立的山峰而得名。九峰分别为青龙、朱雀、火焰、天牙、背光、仙人、黄龙、元武、白虎，高入云天，壮丽无比。晴天可看日出、云海、佛光，阴天可看"瀑布云"景观，均使人流连忘返。

白塔湖

白塔湖位于成都城西著名的"竹编之乡"道明镇。湖水三面环山，山上有隋朝时所建的白塔和白塔禅院，故得名。白塔山原名和尚山，属于佛门圣地，山水秀美，有"西川宝镜"之称。周围山头、山岗、山沟的命名，无不与佛教文化有关。

九龙沟

九龙沟位于成都崇州市西北三郎镇，因神话传说"九槽九沟九条龙"而得名。主峰为六顶山，有大小六个山峰，如群龙聚首。山上可观云海、日出、月华、佛光等景色。夜间站在山顶，俯瞰成都平原，可见整个平原灯光闪耀，灿若群星，美不胜收。

干龙池

干龙池位于成都市彭州境内龙门山脉，海拔高度4500米，属于古冰川湖泊。在此可观赏到古冰川活动遗迹、云海、高山石漠等景观。是彭州市颇为有名的名胜古迹。

石象湖

  石象湖位于成都市蒲江县境内,是一处著名的国家级生态示范风景区。湖内有石象寺,有坐姿15米高的大佛,景区内森林覆盖率达百分之九十以上,犹如一块翡翠,镶嵌在成都平原上。

都江堰

  都江堰位于四川省都江堰市城西,是中国古代建设并使用至今的大型水利工程,被誉为"世界水利文化的鼻祖"。都江堰不仅是一处著名的旅游景点,它还具有独特的历史文化。

美食小吃 TOP 10:

宫保鸡丁

宫保鸡丁是川菜中出名的汉族特色菜。许多不知情的人们常会写作"宫爆鸡丁",这是因为他们不知道这道菜名字的来历。此菜的创始人叫丁宝桢,咸丰三年进士,曾任四川总督,他发明了这道菜,常拿它宴客。他治蜀十年,政绩卓然,死在了任上,所以朝廷追赠他为"太子太保"。太子太保是个官名,虚衔,属于"宫保"之一。后人为纪念他,就把这道菜称为"宫保鸡丁"。

东坡肘子

东坡肘子也是川菜中的一道名菜,但它并非东坡首创,而是他妻子王弗的妙手偶得。有一次王弗在家里炖猪蹄,不小心把肘子炖焦了,她连忙添加各种配料以掩饰焦味,不料这样一来肘子竟变得出奇的好吃。苏东坡大喜,自己再反复尝试,并把方法传给亲朋好友,不久后,"东坡肘子"的名气就传开了。

麻婆豆腐

麻婆豆腐是川菜中的名品。相传它是由清朝同治初年成都市北郊万福桥一家小饭店店主陈森富之妻刘氏所创制。因为刘氏面部有麻点,人称"陈麻婆"。所以她创制的烧豆腐，就被称为"陈麻婆豆腐"。在清末，麻婆豆腐就已经远近闻名，成为一道著名的川菜。

鱼香肉丝

鱼香肉丝，川菜名品。原本只为四川所有，刘禅降魏时，将这道菜带入中原，才流传开来。鱼香肉丝里面只有鱼香，没有鱼。相传是四川一个生意人家的女主人做的。她在做菜时，把烧鱼剩下的调料放到了下一道菜中，无意中发现味道竟然很好。于是口手相传，渐渐发展成了一道名菜。

灯影牛肉

灯影牛肉是重庆地区的汉族传统名吃。相传这道菜是唐代著名诗人元稹命名的。元稹被贬官，任通州司马。一天到一家小酒馆喝酒，发现盘子里的牛肉片很薄，呈半透明状，用筷子夹起，在灯光下可以把肉里面的纹理都映射到墙上，煞是好看。元稹当即称之为"灯影牛肉"。于是这道菜就以"灯影牛肉"的名称盛传开来。

担担面

担担面如今已传遍大江南北，据说它最初是四川自贡一个叫陈包包的小贩发明的。因为当时的小贩们都是用扁担一头挑着锅，一头挑着面和卤汤，沿街叫卖。因此所谓的担担，指的就是扁担。担担面以麻辣为主，香而不腻，辣而不燥，令人吃完大呼过瘾。

冒菜

四川冒菜跟火锅和麻辣烫有点类似，都是先用中药、辣椒以及其他配料煮成卤汤，然后再将菜放进去煮。它起源很早，可以追溯到东汉末年。当时由于战事频繁，士兵们经常要出去打仗，回来后就会产生厌食的情绪，严重影响战斗力。于是军医就在士兵的菜里面加入了药材和一些刺激胃口的配料，于是就形成了最初的冒菜。

张飞牛肉

张飞牛肉源自阆中市的老回民区,这种腌牛肉过去被人们称为"保宁干牛肉"或"风干肉",属于地方特色小吃。

韩包子

韩包子至今已有八十多年的历史了。包子在中国的历史悠久,且深受广大中国人的喜爱,历史上一度知名的包子品牌也是数不胜数。那么,韩包子是靠什么博得那么多人喜爱的呢?

那得归功于韩包子从材料选取到制作方法整套流程的精益求精、一丝不苟。在原材料的选取上,韩包子的原料为特级面粉、肥瘦肉、食用油等。并且韩包子在制作上严格遵循用料比例和操作程序。由于用料讲究,制作精心,韩包子皮薄色白、花纹清晰、馅心细嫩,色、香、味俱佳。

夫妻肺片

四川汉族特色小吃,以牛头皮、牛心、牛舌、牛肚、牛肉为料,并不用肺。注重选料,制作精细,调味考究。夫妻肺片片大而薄,粑糯入味,麻辣鲜香,细嫩化渣,深受食客喜爱。为区别于其他肺片,以"夫妻肺片"称之,在用料上更为讲究。